DAMOUR gilbert

Un autre éloge de *Se libérer par le pardon*

« Le cours que nous avons reçu d'Ana à la prison de San Quentin a ouvert bien des portes et nous a menés à un sentiment de libération et à une perception plus profonde de notre identité, même derrière les barreaux. Ce livre renferme des enseignements précieux sur la paix, et chacun peut en tirer profit, peu importe d'où il vient ou ce qu'il a fait. »

— Kevin Penn, ancien détenu de San Quentin pendant 23 ans, qui offre maintenant une formation sur la paix et la prévention de l'abus de substances toxiques en Californie.

W0368804

# *Se libérer par le pardon*

# *Se libérer par le pardon*

COMMENT LÂCHER PRISE, GUÉRIR,
ET ATTEINDRE UNE CONSCIENCE PLUS ÉLEVÉE
ÉTAPE PAR ÉTAPE

ANA HOLUB

Traduit de l'anglais par
Michel Saint-Germain

ADA
éditions

Copyright © 2014 Ana Holub
Titre original anglais : Forgive and Be Free : A Step-by-Step Guide to Release, Healing, and Higher Consciousness
Copyright © 2014 Éditions AdA Inc. pour la traduction française
Cette publication est publiée en accord avec Llewellyn Publications, Woodbury, MN, www.llewellyn.com
Tous droits réservés. Aucune partie de ce livre ne peut être reproduite sous quelque forme que ce soit sans la permission écrite de l'éditeur, sauf dans le cas d'une critique littéraire.

Éditeur : François Doucet
Traduction : Michel Saint-Germain
Révision linguistique : L. Lespinay
Correction d'épreuves : Nancy Coulombe, Fannie Legault Poisson
Conception de la couverture : Matthieu Fortin
Photo de la couverture : © Thinkstock
Mise en pages : Sébastien Michaud
ISBN papier 978-2-89733-934-0
ISBN PDF numérique 978-2-89733-935-7
ISBN ePub 978-2-89733-936-4
Première impression : 2014
Dépôt légal : 2014
Bibliothèque et Archives nationales du Québec
Bibliothèque Nationale du Canada

**Éditions AdA Inc.**
1385, boul. Lionel-Boulet
Varennes, Québec, Canada, J3X 1P7
Téléphone : 450-929-0296
Télécopieur : 450-929-0220
www.ada-inc.com
info@ada-inc.com

**Diffusion**

| | |
|---|---|
| Canada : | Éditions AdA Inc. |
| France : | D.G. Diffusion<br>Z.I. des Bogues<br>31750 Escalquens — France<br>Téléphone : 05.61.00.09.99 |
| Suisse : | Transat — 23.42.77.40 |
| Belgique : | D.G. Diffusion — 05.61.00.09.99 |

**Imprimé au Canada**

Participation de la SODEC.
Nous reconnaissons l'aide financière du gouvernement du Canada par l'entremise du Fonds du livre du Canada (FLC) pour nos activités d'édition.
Gouvernement du Québec — Programme de crédit d'impôt pour l'édition de livres — Gestion SODEC.

**Catalogage avant publication de Bibliothèque et Archives nationales du Québec et Bibliothèque et Archives Canada**

Holub, Ana, 1961-

[Forgive and Be Free. Français]
Se libérer par le pardon : comment lâcher prise, guérir et atteindre une conscience plus élevée étape par étape
Traduction de : Forgive and Be Free.
ISBN 978-2-89733-934-0
1. Pardon. I. Titre. II. Titre : Forgive and Be Free. Français.

BF637.F67H6414 2014 155.9'2 C2014-941037-9

Dédicace

À mes parents, Suzanne et Donald Holub.

*Puissiez-vous continuer de voler avec les anges en éprouvant à jamais la paix de Dieu.*

## Remerciements

Je remercie Maître Jésus, qui nous a donné *Un cours en miracles*, et les enseignants qui, de tout temps, élargissent la sagesse de l'amour divin. J'adresse des remerciements particuliers à la communauté Radical Forgiveness, et à Colin Tipping pour m'avoir fait découvrir le pardon en tant que voie de guérison, de même que l'idée des listes de pardon.

L'enseignement et les concepts de Michael Joslin, Pitaka Christie Close, Iris Lambert, Peter Van Dyk et Peter Levine ont immensément approfondi ma compréhension des modalités de guérison dans le travail sur la respiration, l'accès à l'intuition, l'aide sociopsychologique et l'éducation à la paix. Je remercie Peter Van Dyk pour m'avoir aidée à formuler la SOB (sincérité, ouverture et bonne volonté). Je remercie, pour leurs révolutionnaires idées scientifiques et sociales, Bruce Lipton, Candace Pert, Byron Katie et Michael Gurian. À mon équipe rédactionnelle – Michael Carr, Linda Sivertsen, Natalie Kottke, Jen Mathews, et à mon agent, Jeff Herman – merci ! Où serais-je sans vous ?

À l'équipe de ma maison d'édition, particulièrement Angela Wix – merci d'avoir misé sur moi. Finalement, je remercie le cercle de gens qui m'aiment et m'appuient, qu'ils me comprennent ou non : mes incroyables enfants,

Amalia Holub et Aron Lucas ; mes sœurs Mélissa et Kathy Holub ; mes amis Marguerite Ogle, Donna Bringenberg, Thea Kristina Kenegos, Jen Mathews, Prajna Ami Marcus, Gentle Thunder, Sarah Alexander, Jack Moore, Mona Therese Winston, Amy Cooper, Andrew Oser et Richard Lucas ; et ma communauté élargie du Mont Shasta et d'ailleurs. Je vous aime tous.

# Table des matières

# *Préface*

C'était l'été. Nous étions un groupe de femmes parties ensemble en expédition sur le fleuve Klamath, dans le nord de la Californie, tout près de la frontière de l'Oregon. Pagayant dans mon kayak, je m'imprégnais de la lumière du jour, de la beauté, de l'éclat tacheté du soleil qui miroitait à la surface de l'eau. Au fond de moi, cependant, j'étais inquiète. Qu'arriverait-il si mon embarcation était secouée ?

Tout pagayeur sérieux doit affronter cette peur à un moment donné. Pendant des années, j'avais pagayé sur le fleuve Klamath au moins une douzaine de fois. J'étais parvenue à rester dans la barque à travers d'innombrables rapides et, ce faisant, j'avais développé de l'habileté. Je n'avais plongé qu'une fois, des années auparavant. Mais je savais que tôt ou tard, le fleuve allait une fois de plus projeter mon petit corps par-dessus bord et me laisser patauger dans le courant en cascade, car ainsi va la vie. On ne peut pas faire beaucoup de canotage sans vivre cette expérience, et plus je pagayais, plus je me rapprochais de l'inévitable.

Heureusement, c'était une journée chaude. Arrivant à un rapide de taille moyenne, je pagayais fort pour aligner mon embarcation avec le passage parfait dans lequel je pouvais me glisser, entre l'eau lisse et le torrent bouillonnant. Comme cela se produit si souvent en eau vive, la moindre baisse de concentration allait me perdre. J'ai lancé un regard à droite pour m'assurer d'éviter des branches en surplomb, puis j'ai ramené mon attention sur l'étroit passage qui se trouvait devant moi.

Ce seul coup d'œil m'a coûté une microseconde que je n'avais pas, et la rivière ne m'a pas attendue. J'ai pris le rapide de biais, j'ai brusquement roulé et chaviré, et ce petit kayak ma éjectée illico. J'ai nagé, c'est tout. L'eau m'a catapultée, mon embarcation jaune vif dansant joyeusement à ma gauche.

Après le premier choc de surprise, une sorte de magie s'est produite. J'ai compris que le puissant fleuve Klamath me retenait, me portait, me maintenait à flot. Je me sentais tout à fait en sécurité dans son étreinte, et tout à coup, je me suis mise à pleurer. Mes larmes chaudes et salées se sont mêlées à l'eau étincelante du fleuve et j'ai célébré l'évidence de ce moment : il n'y avait rien de mal, rien d'effrayant, rien à fuir ou à éviter — ce n'était que de l'eau chaude qui me portait en aval. Le fleuve me semblait fort et inébranlable, et me recouvrait en entier, sauf mon visage tourné vers le ciel et mes genoux repliés. Alors qu'il m'emportait, je me suis détendue dans sa quiétude, pleurant encore de soulagement et d'une nouvelle compréhension. Ce moment-là, je ne l'oublierai jamais.

Le kayak ou le rafting peut être un sport dangereux, et ce n'est pas chaque fois qu'on se fait jeter par-dessus bord dans l'eau vive qu'on a une expérience d'extase comme celle que j'ai vécue en cette merveilleuse journée d'été. De même, le fleuve Klamath m'a donné une leçon magnifique. Dans ce seul plongeon cathartique, toutes mes peurs, hésitations et idées préconçues ont fait surface et je me suis aperçue qu'elles étaient erronées. La leçon a porté, car j'ai pris conscience de la métaphore : l'eau qui m'étreignait était vivante et m'enseignait à faire confiance, tout comme chaque instant est vivant, m'étreint et m'invite à lâcher prise, à oublier mes peurs et à avoir foi en la vie même. Ce jour-là, j'ai découvert que le courant de la vie est aussi le courant de l'amour.

*Introduction*

# *Explorons le pardon*

Peut-être vous intéressez-vous au potentiel du pardon dans votre vie, tout en vous demandant : « Si je pardonne, est-ce que ça fait de moi un faible ? Est-ce que ça va me changer en andouille, en clone, en paillasson ? Si je pardonne, les gens vont-ils se servir de moi, me berner ? Si je pardonne, est-ce que je dois oublier ce qui est arrivé, ou si je deviendrai trop passif ou farfelu ? » La réponse à toutes ces questions est NON. En réalité, le pardon est un exercice de l'âme qui vise à vous rendre à la fois plus fort *et* plus aimant et compatissant. Comme l'a dit un jour le mahatma Gandhi : « Les faibles ne peuvent jamais pardonner. Le pardon est un attribut des forts. »

La méthode de pardon présentée dans ce livre nous enseigne comment accueillir nos émotions, toutes nos émotions, et retourner à l'union consciente avec notre Créateur. Nous nous relions à l'Esprit et nous nous y demeurons. Nous nous appliquons de façon disciplinée à mettre à jour ce qui est faux et à relâcher notre attachement à la fausseté. En priorité, nous nous engageons complètement à nous éveiller.

À certains égards, surtout dans le monde occidental, comprendre l'émotion et l'inclure dans notre voie spirituelle constitue une idée nouvelle. Depuis 40 ans, certains d'entre nous se sont lancés dans le hatha yoga et la méditation assise, et ont nagé béatement dans une sagesse orientale inédite. Mais après le cours de yoga ou la retraite de méditation, nous sommes retournés chez nous pour affronter des finances précaires, une gestion du temps incontrôlée, les mystères de la sexualité, l'éducation des enfants, les crises de nerfs, les dépendances, les relations brisées, les souvenirs pénibles, les plaintes et les récriminations qui semblent être la norme dans notre société — et en un rien de temps, l'état de bonheur béat s'est évaporé, devenant de plus en plus élusif. Cela vous semble-t-il familier ? Voilà pourquoi le pardon est si essentiel à notre guérison. Nous ne pouvons tout simplement pas nous en passer.

## Comment je vis le pardon : une introduction personnelle

Au cours de mes années de collège, j'ai d'abord été attirée par les arts de la guérison, surtout la méditation et le yoga. Comme j'avais déjà fait pas mal de danse, j'étais habituée à bouger, à m'étirer et à renforcer mon corps. Mais le yoga, c'était différent : c'était un complément parfait à ma nouvelle passion pour la méditation.

Avec le hatha yoga (celui du mouvement qui utilise des postures appelées *asanas*), j'avais besoin de ralentir et de me mettre à l'écoute de ma respiration, de mes peurs et de mes prières. J'ai trouvé une enseignante, Christine, et je me suis mise à suivre ses cours avec enthousiasme. Au tout début, elle m'a dit une chose qui m'a vraiment étonnée. J'en ai gardé un souvenir clair. Elle a dit : « Il peut te venir des choses pendant le cours de yoga. Des choses émotionnelles. Ne m'en parle pas. » C'est tout !

J'étais plongée dans la perplexité. Si des « choses » allaient monter en moi, et que Christine n'était pas intéressée à m'aider, qui pouvait le faire ? J'admirais son honnêteté, et j'appréciais de savoir que je ne pourrais pas me confier à elle, mais elle ne m'offrait pas d'autre choix. Et comme j'étais jeune et naïve, je ne lui ai pas demandé — je me suis contentée de suivre mes cours de yoga.

L'une des raisons pour lesquelles je me rappelle si nettement le commentaire de Christine, c'est que ce jour-là, une graine a été semée en moi. Il lui a fallu un certain temps pour pousser, mais 25 ans plus tard, j'allais être appelée à écrire un livre sur le pardon et la guérison émotionnelle. J'ai le sentiment que ce livre répond à un besoin, car pour bien des gens, la libération émotionnelle est un sujet tout neuf. Même si vous avez fait beaucoup de thérapie, de yoga ou de méditation, votre processus de pardon vous demandera probablement un certain effort. Dans ce cours, nous sommes tous des étudiants de la vie, et nous sommes tous égaux.

Nombreux sont les gens qui ne participent pas à des cours de yoga ou de méditation, ce qui ne les empêche pas de connaître bien des ouvertures spirituelles. Que nous participions ou non à un cours, si nous connaissons un éveil spirituel, c'est que nous étudions l'Esprit. Ces temps-ci, dans tous les pays, dans chaque sphère et strate de la société, notre véritable nature intérieure se dévoile. *Ce livre est écrit pour tous ceux et celles qui veulent consciemment pardonner, et relier leurs expériences émotionnelles à leur profonde ouverture au Divin.*

Depuis une vingtaine d'années, j'ai donné des cours de formation sur la paix dans des écoles, des prisons et des entreprises, en plus de séminaires et de séances en privé. Dans ma formation sur la paix, j'inclus non seulement le travail sur le pardon, mais aussi les techniques de communication, la réconciliation entre les sexes, la gestion de la colère, et des techniques de respiration destinées à réduire le stress. Je guide des gens de tous âges, de toutes races, tailles, cultures et orientations politiques, et de tous les niveaux d'éducation, et j'ai vu la voie que nous empruntons tous. À maintes reprises, j'ai constaté des similitudes chez des prisonniers et des cadres d'entreprise, des jeunes dans une école normale et d'autres dans un centre de détention, des couples en amour et d'autres sur le point de divorcer. Ce qui compte, c'est notre bonne volonté et la sincérité de notre quête de vérité. Comme par magie, la sincérité permet à de précieux joyaux de sagesse de s'élever des profondeurs de notre savoir intérieur.

Nous sommes tous sur une voie étonnamment archétypale. Nos façons de la parcourir ont en commun un symbolisme et une direction, et leur envergure dépasse largement le parcours d'une seule personne. C'est à partir de mes recherches et de mes observations au plan des émotions et de la spiritualité que je propose ce livre. Il vous est adressé.

## Qu'est-ce que le pardon ?

En nous engageant sur la voie de la libération, nous devons examiner ce qu'est le pardon et ce qu'il n'est pas. Un élément courant dans la perception traditionnelle du pardon est qu'une grave offense a été commise. S'il n'y a pas de crime, il n'y a aucune raison de pardonner ! Alors, pour vous tourner vers le pardon, vous devez trouver les « crimes » dans votre vie. *Par « crime », j'entends toute action (ou inaction) entreprise par vous-même ou quelqu'un d'autre, et qui a semblé vous causer de la douleur, de la tristesse, de la peur ou toute autre émotion que vous ne vouliez pas ressentir à l'époque.* Cela pourrait être quelque chose d'aussi violent qu'un viol ou un meurtre, ou aussi infime qu'un regard malveillant ou un silence glacial.

Je dis « a semblé vous causer de la douleur », car ce ne sont jamais les gestes physiques qui nous amènent à nous sentir mal, mais plutôt notre façon d'*interpréter* la situation. Quelqu'un peut ressentir une terrible angoisse à propos d'une chose qu'un autre a à peine remarquée. Même des gestes d'une violence inouïe peuvent avoir des effets différents sur des personnes différentes, selon ce qu'elles en *pensent*. Nos émotions proviennent de nos pensées et s'y associent. Toujours.

Lorsqu'il s'agit d'interpréter notre entourage et les intentions des autres, nous avons le choix entre la peur et l'amour. Si nous choisissons la peur — c'est ainsi que nous avons été programmés à presque tous les niveaux de l'expérience — nous supposerons qu'une attaque s'est produite et, par conséquent, qu'un crime est survenu. Si nous choisissons l'amour, nous trouverons la paix.

Par exemple, les crimes impliquent habituellement une violence de telle ou telle espèce : physique, émotionnelle, sexuelle, verbale ou énergétique. Il s'est peut-être produit une situation dans laquelle quelqu'un a franchi votre frontière personnelle sans votre permission, vous a attaqué physiquement ou vous a assené un coup de couteau, ou laissé une contusion. Votre premier réflexe a probablement été de vous défendre, de riposter ou de battre en retraite. Chacun de ces réflexes suppose que l'attaque était réelle et que vous êtes une personne constituée d'un corps individuel. C'est ainsi que vous vivez dans le monde de l'humanité, également appelé le monde de la dualité, où des crimes se produisent chaque jour.

Lorsque vous êtes convaincu qu'un crime s'est produit, les gens impliqués tiennent automatiquement des rôles prédéterminés. Dans toutes les cultures et tous les paliers socioéconomiques du monde entier, ces rôles font l'objet d'un commun accord. Nous appelons ces rôles « la victime » et « le coupable ». Il y en a parfois un autre : « le sauveur », une troisième personne qui surgit dans la situation pour (temporairement) sauver la mise. Pour notre pratique du pardon, nous allons nous concentrer sur les rôles de la victime et du coupable, car ils nous mènent directement à nos émotions, et c'est là qu'il faut aller pour une guérison profonde.

Dans le pardon traditionnel, nous gardons ces rôles intacts et essayons de guérir. Nous nous disons : « Je vais juste passer l'éponge. Je vais essayer de pardonner et d'oublier. » Ou bien : « Je vais laisser le temps guérir mon cœur blessé. Ça ne fait plus aussi mal. Je vais lui pardonner. » Ou : « Il a eu une enfance si terrible qu'il n'a pas pu faire autrement. J'ai eu pitié de lui et je lui ai pardonné. »

Pour nous libérer, nous devons élargir et changer la signification du pardon. En complément des enseignements d'*Un cours en miracles* (UCEM), du Ho'oponopono (une forme hawaïenne de pratique du pardon) et du pardon radical (une technique de guérison conçue par Colin Tipping), nous pouvons utiliser une philosophie qui, en définitive, écarte tout à fait les rôles de la victime et du coupable. Nous élargissons nos pensées et sentiments à tous les êtres, que nous considérons en tant qu'égaux, éternels et sacrés. Nous pouvons alors ressentir une paix qui n'est jamais possible lorsque nous nous percevons ou percevons les autres en tant que victimes ou coupables. Cette paix ne nous est accessible que si nous nous en remettons à la vérité divine, où la grâce de l'Esprit nous enveloppe tous.

Le problème est que nous ne pouvons dissimuler les nœuds de contraction et de douleur que nous avons créés dans notre corps émotionnel au cours des événements bouleversants de notre vie. Surtout enfants, nous n'avions pas la maturité émotionnelle nécessaire pour nous séparer de nos parents, de notre entourage et de nos enseignants. Nous ne comprenions pas les répercussions de la douleur qu'ils portaient lorsqu'elle était projetée sur nous. Nous avons scrupuleusement accepté le legs de leur traumatisme et l'avons fait depuis d'innombrables générations, tout comme moi lorsque je me suis sentie attaquée par Sal, mon professeur de danse. (Vous en saurez plus long à la section suivante.) En fait, à moins d'arrêter cette dynamique, nous continuerons de projeter ce gâchis sur nos enfants, et eux sur les leurs. C'est la position la plus importante que nous puissions prendre dans la vie — nous pouvons dire : « Cette douleur s'arrête ici. »

« Pour transformer les énergies,
nous devons les ressentir
à fond, en les assumant et en les pardonnant,
c'est-à-dire en voyant leur perfection. »
— Colin Tipping

Je n'ai jamais demandé à personne de pardonner sur le coup ni dans un délai précis. Nous pardonnons tous lorsque nous sommes prêts. Cela étant dit, nous avons presque tous des blessures à guérir. Et si nous avons besoin de guérir, cela ne veut pas dire que nous sommes malades. Ce n'est pas le cas. Afin de vraiment ressentir cette paix directement, nous ne pouvons éviter le travail nécessaire pour libérer notre esprit, notre cœur et notre corps de cette douleur. Tel est le bienfait du pardon : il nous sort de l'isolement, de la peur et de la douleur, et nous mène directement à une profonde paix intérieure. Comme nous le verrons, le pardon peut toucher notre vie sur bien des plans, de notre physiologie à notre orientation sexuelle, de notre culture à notre histoire personnelle, en passant par notre lignage familial. Il rejoint même l'écosystème de la terre, en favorisant un retour à la santé pour chaque être vivant.

Lorsque vous vous engagez dans le travail du pardon, vous n'essayez pas de vous corriger ni de corriger une personne ou une situation. Le pardon est le travail *intérieur* que nous faisons pour accroître notre expérience de la liberté. Il nous amène consciemment dans le monde de l'unité et de la vérité divine. Dans le monde de dualité où nous vivons en tant qu'individus, nous avons également besoin de la responsabilité personnelle, des systèmes de justice, de médiation, de réconciliation, des programmes de réhabilitation, des prisons et des centres de réadaptation. Voilà le travail *extérieur* qui consiste à vivre ensemble dans une société peu éclairée. Ces plans intérieur et extérieur sont reliés, mais distincts.

Avec le pardon, vous ne recherchez pas la justice pour corriger une injustice. Vous n'êtes ni un sauveur, ni une victime, ni un coupable : ce sont des rôles que *vous* avez construits. Vous n'y êtes pas contraint, les autres non plus.

*Quel soulagement !*

En suivant les étapes exposées dans ce livre, vous allez simplement observer ce que vous avez gardé du passé, en tirer des leçons, et lâcher prise. Vous allez vous libérer du blâme, de la honte, ou de la vengeance envers quiconque – y compris vous-même. Cette libération ouvrira des passages qui étaient bloqués, peut-être depuis toujours. Et lorsque vous aurez renoncé à votre besoin impérieux de doléances, tout l'amour et la sagesse du Divin seront à votre disposition.

Avec le pardon, vous invitez Dieu dans votre expérience – Lui, Elle ou une ineffable Pure Conscience, peu importe l'idée que vous vous en faites. Vous pouvez prendre appui sur la religion qui vous procure une expérience d'amour, sans limites et sincère, mais la religion n'est pas nécessaire. En fait, votre passé religieux pourrait vous faire obstacle : ouvrez-vous à d'autres possibilités si les anciennes ne vous semblent ni bienveillantes ni accueillantes. Si vous n'avez pas de nom précis pour désigner le Divin, vous pouvez dire le Saint-Esprit, le Grand Esprit, la Puissance Supérieure, la Déesse, ou le pouvoir et la beauté de la Nature. Peu importent les noms, pourvu que votre Puissance divine soit aimante et compatissante.

Lorsque vous aurez terminé le processus, les portes de vos méridiens intérieurs s'ouvriront. Vous accéderez à une expérience de paix véritable, c'est-à-dire que vous vivrez des miracles. Il est difficile de trouver mieux.

## Le pardon n'est pas une psychothérapie

La psychothérapie traditionnelle a tendance à vouer un culte à l'histoire des gens, parfois en disséquant chaque détail pendant des années. Mais souvent, le patient reste dans la zone sécuritaire qui consiste à s'en tenir au niveau et à la profondeur de l'émotion qui lui est familière. À moins que le thérapeute travaille avec des principes spirituels et encourage l'abandon dans l'amour divin, toutes les histoires du patient, ses schémas et émotions restent en lui. Ces symptômes peuvent changer et devenir plus tolérables, mais ils ne sont pas guéris. Il s'agit d'une distinction fondamentale entre le pardon et la psychothérapie traditionnelle. Dans les deux cas, le point de départ est la matière première de l'être humain accablé de douleur, mais le résultat final est fort différent.

Dans la plupart des psychothérapies (mais pas dans toutes), le récit de la maladie ou de l'injustice est l'événement principal, et les émotions qui y sont rattachées deviennent l'objet de l'étude. Dans notre processus du pardon, nous observons notre histoire avec compassion, sans toutefois nous y attacher. Nous l'offrons en prière au Seigneur pour recevoir sa guérison divine. C'est ce que font beaucoup de gens à l'église, au temple ou à la mosquée. Certains connaissent des guérisons profondes et spontanées, qui les aident à se relier à Dieu dans un contexte religieux. En élargissant la sphère du possible et en l'ouvrant à chacun, le courant de l'amour divin vous emmène, tout en vous donnant une carte descriptive et précise des embâcles de votre esprit : une façon d'ouvrir le courant par le pardon, et un canal direct vers l'océan de la paix universelle.

## Un exemple de mes propos

J'ai fait une expérience qui décrit bien ce que j'entends par le pardon. Elle est survenue pendant un cours de yoga, mais elle aurait pu se produire n'importe où et se conclure de façon identique. L'événement incluait tous les aspects ou niveaux (physique, émotionnel mental et spirituel) de mon humanité *et* de ma divinité.

J'étais en train de respirer pour maîtriser une posture qui m'a toujours été difficile. Elle s'appelle *supta virasana* : c'est une posture allongée qui étire les genoux au maximum. J'étais étendue là, attentive à mes genoux, lorsque je me suis aperçue que mon genou gauche faisait vraiment mal. Je me suis également rendu compte que j'avais déjà eu au moins deux blessures graves à ce genou. Étendue sur mon tapis de yoga, j'ai commencé à explorer ce qui pouvait bien se passer là. Je me suis demandé s'il était possible que mon genou serve de canal à une émotion non réglée.

Je me suis rappelé la blessure la plus récente : un accident de ski. J'ai fait remonter à ma conscience la chose la plus difficile, sur le plan émotionnel, à propos de cet accident : ce n'était pas la douleur physique, mais le sentiment d'être bloquée, restreinte dans mon mouvement. L'accident s'était produit alors que je me trouvais dans une importante transition de ma vie, et je me sentais absolument impuissante, désespérée, et démoralisée par le fait de ne pouvoir bouger mon corps avec la force et la facilité habituelles.

Puis, j'ai reculé davantage dans le temps, jusqu'au premier incident, survenu alors que j'avais environ neuf ans. Je voulais voir si les émotions que j'avais ressenties lors de cet accident de ski ressemblaient à celles que j'avais eues, enfant. Je voulais libérer de mon corps les sensations et les sentiments qui émergeaient.

Encore en train de respirer en *supta virasana* (ou « posture inconfortable », comme je l'appelle), j'ai laissé revenir ce souvenir de mon enfance à neuf ans. J'étais dans un cours de ballet, et mon professeur (un type irascible, nommé Sal) est venu ajuster ma posture. Ma jambe gauche était montée sur la barre, en position étirée. « Redresse ton genou ! » a-t-il grogné tout en poussant avec force mon genou gauche vers le bas. À ce moment – des décennies plus tard, étendue sur mon tapis, dans un cours de yoga –, j'ai pris conscience que je m'étais vraiment sentie *attaquée* par Sal. Au lieu de pousser sur ma cuisse, il a directement poussé sur l'articulation de mon genou, la blessant et provoquant une grande douleur dans mon corps. Ce faisant, il a déchargé sur moi ses frustrations personnelles, et parce que je ne comprenais pas ce qui se passait, j'ai absorbé cette décharge. Cela a également blessé mon cœur et mon esprit.

J'ai commencé à laisser monter et évacuer de mon corps et de mon esprit, en vague, toutes les émotions reliées aux deux incidents. Là, dans la salle de yoga, j'ai pleuré en silence tout en les évacuant. J'avais pleinement conscience de ce que je faisais : je choisissais d'ouvrir une porte intérieure sur ce réservoir pour libérer la colère, la frustration, l'impuissance, l'indignation et la douleur que j'avais refoulées et accumulées dans mon genou gauche. Chaque émotion refluait à la surface de ma conscience pour être examinée avant de quitter mon corps. En plus de ma propre souffrance reliée à cet incident, j'ai également commencé à ressentir la douleur, la frustration et la confusion de Sal. Tout ce qui venait à ma conscience se libérait et exsudait de mon corps en une vague de respiration et de compassion. C'était une offrande consciente au Divin en moi, à cette essence même qui me donne vie.

Alors que je voyais mes émotions affluer, mes larmes ont cessé. Tout en continuant de respirer consciemment, j'ai commencé à percevoir tout ce que Sal et moi avions en commun à cette époque-là. Nous avions l'un et l'autre une vie familiale malheureuse, un stress que nous avions du mal à gérer, beaucoup de malheurs réprimés, et aucun moyen conscient de s'en libérer. Nous partagions tout cela sans aucun soutien spirituel, aucune façon de nous guérir ni de nous défaire de ce fardeau. Je me suis mise à envoyer de la compassion, de l'amour et de la bienveillance à Sal et à moi, à l'âge de neuf ans. À ce moment-là, j'ai vu en imagination une image de Sal qui dégageait la pression sur l'articulation de mon genou gauche. J'étais maintenant libre de bouger !

Ce qui s'est produit ensuite m'a stupéfiée. Alors que je visionnais cette scène dans mon esprit, tout en respirant dans la « posture inconfortable » allongée, Sal et moi avons commencé à danser dans le studio de ballet de mon enfance. Nous nous mouvions avec fluidité, grâce et élégance. Comme si nous volions ou dansions en rêve (et d'une certaine façon, c'était le cas), nous glissions ensemble sur le plancher, en une bienheureuse harmonie avec nous-mêmes et l'un pour l'autre, et pour la mystérieuse chorégraphie qui ondoyait sans effort à travers nous. Nous pouvions faire les sauts les plus audacieux (comme c'est amusant !) et tourner, tourner, tourner en de multiples pirouettes. Dès que je tentais d'analyser ce qui se passait, la danse ralentissait littéralement, m'indiquant jusqu'à quel point je pouvais intervenir dans le processus, si je le souhaitais. Mais comme je ne voulais pas, je me suis détendue, mettant de côté mon intellect pour donner libre cours à la danse. Sal et moi bougions en liberté, en parfaite symbiose, tout comme des patineurs artistiques olympiques. C'était splendide.

De retour à la salle de yoga, le reste de la classe progressait. J'ai pris mon temps sans me sentir obligée de rattraper le rythme de la classe. J'avais besoin de poursuivre mon élan intérieur, convaincue que tout se déroulait parfaitement. Sentant tant de joie et d'ouverture dans mon corps, je me suis donné un certain temps, tout simplement pour goûter les sensations et la liberté qui venaient du fait de libérer mon corps, mon cœur et mon esprit de ces vieux souvenirs. Nous avons tous cheminé vers la posture finale de repos, appelée *savasana* (un mot qui sonne un peu comme « sauve Ana », c'est ainsi que je l'ai sentie), et par ma respiration, j'ai consciemment insufflé une nouvelle lumière dans les cellules qui venaient de relâcher toute cette peur et cette tension. En absorbant la grâce de la conscience de Dieu, j'ai remplacé mon ancienne blessure par une vitalité et une force renouvelées. J'ai terminé le cours par des prières de profonde gratitude et de paix intérieure. J'avais choisi un changement de cap et une nouvelle orientation dans ma vie. En passant littéralement et figurativement d'un vieux corps à un nouveau, j'accueillais un tout nouveau chapitre de possibilités dans ma vie. Je ne savais aucunement où cela me mènerait, et ça m'importait peu. Je savais au plus profond de mon corps que ce serait bien.

## Relier la libération émotionnelle au pardon

Dans le récit à propos de Sal et de ma blessure au genou, il est assez clair que j'ai évacué beaucoup d'émotions de mon corps et que je me sentais infiniment mieux après avoir été balayée par cette vague de sentiments. Mais qu'est-ce que cela a vraiment à voir avec le pardon ?

Presque tous, nous avons des « nœuds » de vieille douleur émotionnelle que nous avons garés à divers endroits de notre corps, jusqu'à ce que nous soyons prêts à les libérer. Ces nœuds sont reliés à des récits, tout comme cette partie de mon genou était associée à Sal et au cours de ballet. Lorsque j'ai choisi de fouiller dans mon réservoir émotionnel, je l'ai fait avec minutie et j'ai utilisé certaines des étapes spécifiques du processus de pardon. Dans ce livre, vous apprendrez ces mêmes étapes afin de pouvoir vous en servir en toutes circonstances. En prenant l'histoire de Sal comme exemple, revoyons ce que j'ai fait, et comment ce processus m'a reliée à une expérience de pardon et de liberté.

1. Comme je me trouvais dans un cours de yoga, j'étais déjà dans un état sincère d'ouverture spirituelle.
2. Je me suis mise à l'écoute de la partie de mon corps qui avait besoin de mon attention : mon genou.
3. J'ai ralenti et j'ai commencé à l'écouter.
4. Avec sincérité, ouverture et bonne volonté (SOB), j'ai retracé la douleur jusqu'à la scène initiale du crime, mettant au jour la victime (moi) et le coupable (Sal).
5. J'ai laissé sortir les émotions que j'avais refoulées, en utilisant ma respiration et en acceptant mes larmes. J'ai offert toute ma douleur à l'Esprit, lui permettant ainsi de me guérir.
6. J'ai découvert une connexion entre moi et Sal, et j'ai pris conscience que nous n'étions pas si différents : en fait, nous étions fort semblables. J'ai senti Sal dégager sa pression sur mon genou, et les rôles de victime et de coupable se sont dissipés. J'ai

compris que nous étions égaux. À ce stade, j'ai franchi le pont du pardon.

7. J'ai élargi ma connexion avec Sal, ce qui nous a permis de jouer ensemble de façon créative dans mon imagination. Alors que nous dansions, j'ai éprouvé des vagues de joie et de liberté.

8. Le « crime » a disparu, et avec lui, la douleur à mon genou et le souvenir douloureux d'avoir été attaquée. J'ai vu que Sal et moi étions des êtres divins vivant dans le monde matériel, et j'ai fait de la place à cette vérité pour qu'elle circule dans ma vie.

9. J'ai ouvert de nouvelles voies à la force vitale et à la sagesse intuitive pour qu'elles circulent dans mon esprit, mon corps et mes émotions. J'ai terminé par une prière de remerciement.

## Le pardon est pour tout le monde

Que vous méditiez ou non, que vous fassiez ou non du yoga, le pardon est à votre portée à tout moment, peu importe où vous êtes, chaque fois que vous y êtes disposé. Les chapitres suivants souligneront en détail les étapes que vous devez suivre pour appliquer ce processus de pardon, seul ou avec l'aide d'un conseiller ou d'un ami de confiance. Ce n'est ni difficile ni compliqué. Cela demande seulement de la sincérité, de l'ouverture, de la bonne volonté et de l'application.

Vous voudrez peut-être y incorporer d'autres étapes. Je vais vous décrire les bases, et vous pourrez y ajouter votre touche personnelle. Utilisez les mots et les phrases qui vous permettront de décrire votre spiritualité et votre expérience de vie. Si n'avez pas d'attirance envers les mots « Dieu » ou « Créateur », utilisez « Déesse », « Grand Esprit », « Puissance supérieure », « Tout Ce Qui Est », ou tout ce qui peut vous toucher. Ce qui compte le plus, c'est le désir de vérité que vous apportez à la danse de votre éveil spirituel.

## Dire OUI aux larmes

Dans ce livre, je vous présente une voie du pardon à partir d'expériences vécues par des personnes réelles. Lorsque j'ai commencé à rassembler certains récits pour ce livre, je me suis rappelé des incidents qui me sont arrivés, et j'ai également inclus des expériences de mes clients et clientes (dont les noms ont été changés pour protéger leur confidentialité). Un jour, en les relisant, je me suis aperçue à quel point je parle de mes larmes. Au cas où vous vous imagineriez que je suis toujours en proie à une crise de larmes, je veux relativiser ce parcours du pardon.

« Qu'est-ce qui ne tourne pas rond chez cette folle qui pleure tout le temps ? » demanderez-vous peut-être. Eh bien, je suis habituellement d'humeur plutôt enjouée. Et plus j'enlève des voiles de souffrance, plus je deviens heureuse. Cependant, lorsque la tristesse et la peur émergent pour être examinées et libérées au cours du processus du pardon, les larmes m'aident vraiment à me nettoyer et à lâcher prise.

Lâcher totalement prise tout en ayant confiance en une Puissance supérieure, tel est le fondement de ce travail ; je suis attirée par tout ce qui peut m'aider à entrer dans l'espace de vérité de mes émotions. Souvent, cela entraîne des larmes. Parfois, elles coulent tout doucement. Parfois, c'est une libération majeure, et je pleure à gros sanglots toutes les larmes de mon corps. À d'autres moments, je ne pleure pas du tout. C'est la même chose pour mes clients : selon le moment et la personnalité de la personne, les larmes vont et viennent. Tout cela fait partie du processus.

Si je mentionne cela, c'est pour vous encourager à accueillir vos larmes. Dans ce travail, il n'y a pas de règles strictes et chaque personne a une façon singulière et magnifique de lâcher prise, le moment venu. Alors, permettez-vous de pleurer, surtout si vous n'avez pas été à l'aise avec vos émotions passées.

Les larmes nous nettoient sur tant de plans, de la simple libération physique (pensez à un orgasme émotionnel) aux plans spirituels et mystiques les plus élevés.

Lâcher prise, laisser couler les larmes, s'en remettre à Dieu.

## Se libérer par le pardon : les étapes

Voici les étapes que nous explorerons dans la deuxième partie de ce livre. Vous trouverez au chapitre 13 un résumé de tout le processus.

1. **Créez un espace sacré.** Pour commencer, utilisez la prière ou une profonde intention.

2. **Racontez votre histoire.** Quelle est la question qui vous tracasse ?

3. **Parcourez votre corps émotionnel.** Trouvez et décrivez tout malaise dans votre corps, vos pensées et vos émotions.

4. **Accueillez votre peur avec amour.** Avec confiance, ouvrez votre esprit de façon à pouvoir approcher votre souffrance avec amour. Étendez votre compassion à tous ceux qui sont impliqués.

5. **Soyez à l'écoute des messages secrets.** Trouvez ce qui se cache sous votre histoire. Assumez aussi les messages de votre ego.

6. **Lâchez prise.** Relâchez tout ce qui vous paraît douloureux à propos de cette situation. Laissez-le sortir de votre corps-esprit par la respiration et l'intention. Offrez toute votre souffrance à l'Esprit pour qu'il vous guérisse.

7. **Observez les changements.** Remarquez tout changement physique, émotionnel et mental dans la façon dont vous vous sentez après votre libération. Votre lien à l'Esprit est-il différent, à présent ?

8. **Tirez des leçons.** Quel enseignement votre âme peut-elle tirer de ceci ? Pourquoi aviez-vous besoin de cette expérience pour approfondir votre croissance intérieure ?

9. **L'épanouissement de l'âme.** Par la respiration, absorbez la lumière et la vitalité. Élargissez le cercle de votre amour.

10. **Dégagez une nouvelle vie.** Chaque instant de pardon augmente votre capacité intuitive. Votre vie s'ouvre : vous vous sentez plus en paix, et vous le partagez avec toute la création.

## Comment utiliser ce livre

Comment se libérer véritablement par le pardon, voilà le sujet de ce livre. Il vous fournit un processus graduel à suivre, et expose les fondements psychologiques et spirituels du pardon en tant que pratique et philosophie utile.

Dans la première partie, vous apprendrez l'importance essentielle de vos émotions pour votre pratique du pardon – du point de vue scientifique, social et culturel. Les émotions nous relient tous à la même famille, car c'est ensemble que nous ressentons les hauts et les bas de la vie humaine. En suivant les étapes expérientielles de la deuxième partie, vous poserez un regard honnête sur votre expérience humaine et les schémas de votre âme. Du fond de votre être, vous y puiserez une volonté sincère de relâcher la souffrance et de tendre vers quelque chose de plus grand – une force d'amour universelle – qui peut vous accepter et vous glorifier sous tous vos aspects. Vous verrez que le fait de vous accepter tel que vous êtes – souillé *et* exalté, vulnérable *et* sage – peut devenir une pratique quotidienne et une nouvelle façon d'être. Même si votre situation paraît tumultueuse, l'amour, la vie et le pardon vous accueillent.

Lorsque vous plongerez vraiment dans votre processus de pardon, cela vous demandera beaucoup moins de temps que la lecture de ce livre. Pour tirer le meilleur parti du processus, vous avez intérêt à vous familiariser avec les étapes. Je recommande donc les consignes suivantes :

1. **Lisez d'abord tout le livre.** Faites-vous une impression de cet univers. À mesure que vous parcourez les chapitres, je vous suggère d'écrire vos pensées, sentiments, idées et tout souvenir qui revient. Ensuite, vous pourrez revoir vos écrits lorsque viendra le moment d'effectuer le travail.

2. **Dressez vos listes de pardon.** Si vous voulez faire quelque chose avant votre séance, vous pouvez dresser vos listes de pardon (voir le chapitre 5, étape 2). Je recommande de les écrire à la main au lieu de les taper à l'ordinateur. Il y a quelque chose dans l'expérience de l'écriture manuscrite qui vous branche sur vos émotions. Lorsque vous écrivez à la main le nom d'une personne sur votre liste et que vous baissez les yeux pour voir votre écriture, cela déclenche une réaction personnelle qui encourage le lâcher prise.

3. **Imprimez les téléchargements gratuits.** Si vous voulez, imprimez à mesure les documents que vous aurez téléchargés gratuitement de mon site Web, ou imprimez-les d'une seule traite : ainsi, vous les aurez sous la main lorsque vous serez prêt à essayer la pratique entière. Tout le contenu de ces documents se trouve déjà dans ce livre. Ils vous sont tout simplement offerts en format numérique pour plus de commodité.

4. **Révisez les étapes.** Lorsque vous aurez terminé ce livre, rafraîchissez votre mémoire en révisant les étapes du dernier chapitre, qui peut servir d'aide-mémoire au cours de votre processus de pardon.

5. **Déterminez la structure de votre processus.** Déterminez si vous voulez entreprendre votre processus de pardon seul, avec un ami ou avec un conseiller psychologique en qui vous avez confiance. Utilisez votre intuition et faites tout ce qui vous semble vrai et honnête.

6. **Entretenez un espace sacré.** Si vous choisissez d'effectuer le processus avec un ami ou un conseiller, il devrait idéalement avoir lu le livre en son entier. Il devrait être suffisamment sincère pour s'intéresser personnellement à ce travail, et non seulement parce que c'est le vôtre. Assurez-vous qu'il sait déjà comment « entretenir un espace sacré » (qui est décrit en détail au chapitre 3). Vous ne pouvez pas le lui enseigner pendant que vous faites votre travail intérieur. Cela ne vous apportera que de la frustration et pourrait être un prétexte pour ne pas terminer le processus. Cherchez plutôt quelqu'un d'objectif qui n'est pas impliqué dans votre histoire personnelle. Cette personne devrait avoir une vision spirituelle bien définie (mais non dogmatique), et ne pas se laisser influencer par les médisances et la négativité. Entendez-vous pour que tout reste confidentiel.

Cela vous aidera à faire confiance et à vous détendre.

7. **Suivez tout le processus.** Le pardon est une porte sacrée, et vous devez lui accorder le respect qu'il mérite : alors, n'y allez pas à moitié. Si vous le faites seul, suivez les étapes à votre propre rythme, et terminez-les toutes. Si vous avez quelqu'un pour vous soutenir, assurez-vous qu'il sache ce qui est en cause. Si vous le faites avec un ami et que vous décidez d'échanger des séances, échelonnez-les sur des jours différents. Évitez de « socialiser » lors du processus. Le fait de demeurer dans votre espace sacré vous donnera la force spirituelle et le soutien nécessaires.

8. **Créez un espace sacré.** Au moment de votre séance, suivez les consignes du chapitre 3 : Créer un espace sacré. Accordez-vous le temps, l'espace, la clarté et le respect nécessaires afin que votre pratique soit le reflet de votre âme. C'est un cadeau que vous vous faites. Personne d'autre ne peut vous l'offrir. Le faire correctement reflètera votre désir sincère de bien vivre votre vie. Bientôt, vous chercherez à créer un espace sacré pour d'autres aspects de votre vie.

Nous avons toujours vécu en paix dans la partie la plus profonde de notre être, mais puisque nous pouvons avoir l'impression fausse d'être seuls et séparés, l'idée d'un « retour » nous paraît réelle. Pour retourner à la liberté, il nous faut une voie à suivre. Ce voyage peut s'appeler pardon, ou guérison divine, ou porter des milliers d'autres noms dans autant de langues. Je serai avec vous lors de ce cheminement, ensemble dans la lumière.

# PREMIÈRE PARTIE

Chapitre 1

# *Votre vie émotionnelle et les bienfaits du pardon*

En approfondissant votre processus de pardon, vous ne penserez qu'à une chose : libérer votre douleur et plonger dans l'amour divin. Comme le pardon passe par les sentiments, je veux vous donner ici de l'information sur les émotions telles que chaque être humain les ressent — dans son cerveau, son cœur et ses cellules. Nous explorerons les façons universelles dont notre corps se relie physiquement, émotionnellement et mentalement. Vous verrez à quel point vos émotions sont essentielles, et comment elles vous rattachent à chacun des membres de notre famille humaine.

Veuillez garder à l'esprit que je ne suis pas une scientifique. Je ne fais que vous livrer les bases. Pour en savoir davantage sur ce genre d'information, vous pouvez lire, effectuer une recherche et explorer comme bon vous semble. Pour l'instant, absorbez cette matière de base destinée à la compréhension de votre vie émotionnelle.

L'essentiel à retenir, c'est que votre corps fonctionne *avec* votre âme pour vous donner des possibilités illimitées d'expériences intérieures.

Nous ne sommes PAS seuls, et nous ne fonctionnons pas séparément. La fascinante complexité de l'univers se reflète dans notre cerveau, nos émotions et nos cellules. Les humains ont la capacité de ressentir la joie et la tristesse, la peur et l'émerveillement, et cela nous relie au tissu de la vie. Autrement dit, chacun de nous est une facette qui fait briller avec éclat le diamant de la création.

## Comment définit-on les émotions ?

On appelle parfois les émotions de « l'énergie en mouvement » (*energy in motion*). Il y a toujours une composante physique à une expérience émotionnelle : on SENT quelque chose dans son corps. Les émotions relient à notre corps *physique* le processus *mental* de conclusion, de présupposition, de jugement et de théorisation sur la réalité, au moyen de *sentiments* correspondants d'amour, de peur, de joie, d'anxiété, d'appréhension, d'excitation, et bien plus encore.

Dans la société occidentale, nous considérons plus volontiers que nos plans mental et physique sont « vrais » et « importants ». Nous avons tendance à être mal à l'aise en parlant de nos émotions. Nous entendons parler du lien corps-esprit – mais où est l'émotion, et où est l'Esprit ? Dans notre cœur ? Eh bien, oui et non. Comme l'attestent les récentes recherches scientifiques, et comme la sagesse ancienne le sait depuis des millénaires, nous ne formons qu'une entité composée de nombreuses couches entremêlées. Elles agissent toutes ensemble dans un élégant entrelacs d'éléments. Comme nous le verrons, il n'y a aucune ligne de démarcation entre l'esprit et le corps, le corps et l'âme. Tout est Un.

## Les émotions et votre cerveau

Saviez-vous que votre corps est composé de *billions* de cellules, et que *vous êtes né avec des milliards de neurones ?* Même bébé, vous étiez doté d'un cerveau sophistiqué qui vous a aidé à survivre. Alors que vous lisez ce livre, vos milliards de cellules cérébrales ont fait leur travail, puis ont été remplacées par des milliards d'autres. Des substances chimiques en équilibre délicat guident silencieusement chaque instant de votre journée, même au cours de vos rêves.

Votre tronc cérébral, ou cervelet, et votre mésencéphale supervisent tout, de la pression sanguine et du rythme cardiaque à la coordination des mouvements, aux cycles du sommeil, en passant par l'attirance sexuelle et l'appétit. Dans la section limbique de votre cerveau, vous transformez des émotions et des souvenirs à long terme. C'est la partie du cerveau avec laquelle vous travaillez le plus étroitement en apprenant à pardonner : vous devez alors accéder à vos émotions et à vos souvenirs. Vous avez également besoin de l'aide de votre cortex, parfois appelé « l'organe exécutif du cerveau ». Le cortex ajuste la prise de décisions et la formation des jugements sur l'information. Le cortex vous aide à planifier l'avenir et à avoir une idée claire de votre cheminement de vie.

Les neurotransmetteurs sont des substances chimiques qui ajustent les signaux électriques entre vos cellules nerveuses et votre cerveau. Lorsque vous formez une pensée (parfois consciemment, mais le plus souvent inconsciemment), votre système limbique et votre cortex envoient des neurotransmetteurs destinés à inonder votre système, et vous éprouvez les sensations d'une émotion correspondante dans votre corps. Par exemple, en fonction du type d'émotion, votre rythme cardiaque accélère ou ralentit, vos muscles se tendent ou se détendent, votre corps se sent ouvert ou fermé. Si vous vous observez attentivement, vous remarquerez l'influence des neurotransmetteurs dans votre corps et chez les gens qui vous entourent.

Il y a de nombreux types de neurotransmetteurs. L'un des plus importants pour notre travail ensemble est l'ocytocine, l'une des « substances chimiques de la paix ». Lorsque votre cerveau sécrète de l'ocytocine, vous vous sentez détendu, centré et relié à vos proches. Avec une abondance d'ocytocine dans votre organisme, vous avez le cœur ouvert et vous vous sentez empathique envers les besoins des autres. Ces sentiments de paix inspirent votre vie et le monde qui vous entoure. Ils constituent un sous-produit naturel du pardon et de l'ouverture au caractère sacré de la vie.

Cependant, la plupart d'entre nous ne se sentent pas toujours en paix. En fait, beaucoup de gens ont une propension à l'état de crise, qui n'est peut-être pas consciente, mais qui se manifeste sous forme d'irritation chronique, d'insomnie, de dépression ou d'agression. Leurs glandes surrénales sécrètent beaucoup de cortisol, l'hormone conçue pour nous aider à survivre dans des situations dangereuses. Le cortisol est appelé l'hormone « de la lutte ou de la fuite », et il est produit par les surrénales en réaction au stress.

Si nous refoulons la douleur et la peur des traumatismes de l'enfance et des situations de la vie (par exemple, des événements qui n'ont pas encore été pardonnés), des niveaux élevés de cortisol peuvent devenir un ingrédient habituel de notre système sanguin, au lieu d'un visiteur occasionnel. Lorsque nous nous accrochons à une vieille souffrance au lieu de la libérer, la surcharge chronique de cortisol peut affaiblir notre système immunitaire, augmenter notre tension artérielle et bloquer notre système reproducteur. Notre corps sollicite de l'attention en devenant anxieux et malade. C'est l'une des nombreuses façons dont notre intelligence spirituelle communique avec nous en tant qu'individus – en nous disant d'explorer, de libérer et de guérir le stress chronique de nos émotions et de notre corps physique.

L'ocytocine et le cortisol semblent être des contraires, mais les deux sont nécessaires à une vie physique équilibrée. Pardonner des expériences traumatiques (qu'elles soient grandes ou petites) abaisse notre niveau de cortisol et l'entraîne vers la santé. En lâchant prise et en confiant notre douleur à l'Esprit, nous augmentons le niveau d'ocytocine et nous ressentons paix et béatitude.

## Les émotions et votre cœur

Malgré ce que nous avons peut-être appris à l'école, il s'avère que le cœur humain ne fait pas que pomper du sang. D'année en année, s'accroissent les connaissances scientifiques à propos de l'importance du cœur physique pour la santé en général. Les scientifiques découvrent des corrélations entre le rythme cardiaque, les neurotransmetteurs, les émotions et la résolution de conflits. C'est un domaine d'étude vraiment fascinant!

Selon les chercheurs de l'Institut HeartMath, des émotions positives favorisent la santé cardiaque. Notre cœur se trouve alors en cohérence avec le reste de notre corps et le monde qui nous entoure. La cohérence signifie que nos systèmes sont en « relation logique, ordonnée et harmonieuse entre leurs composantes »[1]. Lorsque nous sommes en cohérence, nous pouvons accéder à notre intelligence du cœur, ce qui nous donne de profondes expériences de conscience, de compréhension et de sagesse intuitive.

Il y a un lien entre la cohérence cardiaque et le pardon. On peut avoir l'un sans l'autre. Par exemple, on peut se sentir en paix sans faire un travail complet de pardon — mais *pas* sur une base continue. Si vous n'avez pas libéré toute votre douleur passée, c'est que vous l'avez enfouie dans des recoins de vos corps physique, émotionnel et mental. Comme vous le verrez dans les prochains chapitres, vous pouvez facilement trouver votre douleur et la libérer en suivant les étapes de la deuxième section de ce livre.

Notre cœur nous offre une source de vie pendant que nous faisons l'expérience d'une âme en résidence dans un corps physique. Le cœur est notre temple, et on peut le chérir comme un précieux joyau en chaque personne.

Le cœur transmet son pouls sous forme d'une onde de tension artérielle aux autres systèmes du corps. Il

1. http://www.heartmath.org/faqs/research/research-faqs.html

communique aussi au niveau biochimique, en libérant un peptide atrial qui ralentit la sécrétion d'autres hormones de stress, comme le cortisol. Il produit le champ électromagnétique le plus fort du corps humain. Des études de l'Institut HeartMath ont montré que notre cœur est si puissant qu'il dégage son énergie dans un champ électrique partagé par le toucher ou la proximité intime avec une autre personne[2]. Il s'avère que nous partageons continuellement notre champ cardiaque avec ceux qui nous entourent.

Les émotions couvrent un spectre allant des vibrations de joie et de paix les plus élevées aux vibrations les plus basses de culpabilité et de honte, et de nombreuses nuances sont possibles entre les deux. Lorsque nous ressentons la peur et l'anxiété, notre cœur se contracte. Nos circuits électriques sont en surcharge. Notre facilité de communication diminue, nous ne pouvons penser ou entendre clairement, et les conflits augmentent. Lorsque nous sommes « décentrés », notre rythme cardiaque se fait en dents de scie. C'est alors que nous avons besoin d'utiliser nos outils, comme la prière, la bonne volonté, la respiration consciente, la franchise et le pardon, afin de revenir à l'équilibre.

L'équilibre cardiaque aligne tout notre organisme, et découle de sentiments de paix intérieure, de gratitude et d'harmonie. Des études montrent que des sentiments positifs de reconnaissance entraînent ce qui suit :

- Amélioration du rendement et de la réussite ;
- Plus grande créativité et résolution innovante des problèmes ;

2. http://www.heartmath.org/research/research-publications/electricity-of-touch.html

- Meilleure prise de décisions;
- Plus grande souplesse de la pensée;
- Amélioration de la mémoire;
- Amélioration de l'immunité face à la maladie;
- Amélioration de l'équilibre hormonal;
- Plus grande espérance de vie.

Lorsque nous ressentons de la reconnaissance et de la gratitude, nous avons des niveaux élevés d'ocytocine qui descendent en cascade de notre cerveau à nos cellules nerveuses, un rythme cardiaque équilibré, et tous les bienfaits d'une bonne vie, comme l'indique la liste précédente[3].

Les chercheurs de HeartMath ont également découvert qu'il se produit en fait plus de connexions électriques *du cœur au cerveau* que *du cerveau au cœur*[4]. Notre cœur a une profonde intelligence innée. Lorsque nous nous sentons en déséquilibre, notre cœur s'efforce de nous venir en aide, mais nous devons choisir de nous réaligner à des émotions positives afin de revenir à la cohérence. La forme élargie du pardon présentée dans ce livre expose la technique d'alignement précise qui nous est nécessaire pour profiter d'une vie remplie de l'intelligence du cœur, de relaxation et de joie.

## Les émotions et vos cellules

Comme nous l'avons vu, des impulsions cérébrales, des neurotransmetteurs particuliers et des ondes cardiaques

3. http://www.heartmath.org/free-services/downloads/the-inside-story.html?submenuheader=6

4. http://store.heartmath.org/e-books/energetic-heart

relient le cerveau au reste du corps, ce qui influence directement notre façon de répondre ou de réagir en toute situation. De plus, chaque cellule de votre corps est un mini-récepteur et transmetteur qui envoie une rétroaction précise à l'ensemble.

Il s'avère que les questions et les croyances profondément entretenues sur la vie même (qui sommes-nous, sommes-nous en sécurité sur Terre, quelle est notre raison d'être, pouvons-nous aimer et être aimé, etc.) influencent directement notre santé, jusqu'au niveau microscopique de la cellule.

Lorsque nos cellules commencent à prendre forme, nous recevons de l'information jusque dans l'utérus, à travers le placenta. Les pensées, les peurs, les joies et les croyances de notre mère nous viennent de ses ondes cérébrales, de ses rythmes cardiaques et de ses hormones. En entendant la voix de notre prière avant notre naissance, nous nous mettons également à l'écoute de ses sentiments et de son état d'esprit.

Le stress, le régime alimentaire, le comportement, les toxines de la maison, tout cela influence la façon dont nos corps physique, émotionnel et mental se forment dans le ventre maternel. C'est ainsi que la nature nous aide à nous ajuster à l'avance aux conditions que nous trouverons en arrivant dans la famille. Nous nous ajustons et nous absorbons les hauts et les bas de notre cellule familiale.

Les cellules du corps sont extrêmement sensibles à l'information. Dans nos cellules, des réactions chimiques allument et éteignent nos gènes, selon notre relation avec notre environnement. La recherche a déterminé que seulement 5 % des bébés naissent avec des défauts génétiques. Cela signifie que 95 % d'entre nous régulent nos gènes au moyen de nos attitudes dans la vie, et non par la physiologie. Le Dr Bruce Lipton, pionnier du domaine de l'épigénétique (l'étude des gènes, de leur mode de transmission, de leur nombre et de leurs causes) dit ceci : « Vous n'êtes pas contrôlé par vos gènes, mais par votre perception de l'environnement[5]. »

Nous sommes particulièrement influencés par ce qui se passe dans notre foyer d'origine, à la fois avant et après la naissance. Selon le Dr Lipton, des scientifiques ont découvert qu'au cours des six premières années de la vie, l'activité électroencéphalographique d'un enfant « fonctionne en état de transe hypnotique : tout ce que l'enfant apprend est téléchargé dans le *subconscient.* Ce dernier rejoue habituellement ces programmes[6]. »

Les choix ultérieurs ont également une influence sur notre santé. Les jumeaux identiques, par exemple, ne contractent pas toujours les mêmes maladies, même s'ils partagent des gènes identiques. Avec le temps, leurs différences épigénétiques s'accumulent, surtout lorsque leurs modes de vie diffèrent. Un jumeau ayant un mode de vie sain et des pensées pacifiques peut ne pas développer la maladie cardiaque ou le cancer de son jumeau alcoolique, déprimé ou obèse. Le fait de boire, de fumer, de manger et l'anxiété, tout cela influence notre état de santé. Nous héritons notre génome (les gènes mêmes), mais nous pouvons modifier notre épigénome (les instructions chimiques aux gènes). Nous pouvons remanier

5. http :www.youtube.com/watch?v=HVECA1T4AXY

6. LIPTON, Bruce. *The Wisdom of Your Cells: How Your Beliefs Control Your Biology*, Boulder, Sounds True, 2006.

les instructions physiologiques de notre corps par le pardon et d'autres pratiques de guérison, et ainsi changer le cours de la vie pour nous-mêmes et les futures générations.

D'où l'importance du pardon et de toutes les techniques de libération et de guérison. Pour la santé et une paix profonde, nous devons évacuer la douleur de notre histoire personnelle et familiale directement par la paroi de la membrane cellulaire

Des études ont montré que le centre de commandement de chaque cellule n'est pas le noyau, mais la *membrane cellulaire,* qui détermine comment et quand la cellule reçoit des nutriments et de l'information[7]. La membrane cellulaire scrute son environnement au moyen de sites récepteurs de protéines. Lorsqu'elle trouve l'information appropriée, des canaux s'ouvrent et elle peut recevoir des nutriments. Les canaux nettoient aussi la cellule en s'ouvrant pour extirper les déchets.

Sur les membranes cellulaires, des récepteurs répondent aux stimuli physiques, mais aussi à l'information énergétique. Si, par exemple, nous avons hérité de nos parents la croyance inconsciente que le monde est dangereux, nous ressentons de la peur, puis nous trouvons la vie effrayante. Comme le reste de notre corps, nos cellules fonctionnent en mode crise, ce qui encrasse les membranes cellulaires de débris. Tout comme notre cerveau, nos cellules n'ont pas les idées claires, ne peuvent répondre efficacement aux stimuli, et font des erreurs à propos de l'information. La peur devient alors un

7. LIPTON, Bruce. *The Biology of Belief: Unleashing the Power of Consciousness, Matter and Miracles*, Santa Rosa, Mountain of Love/Elite Books, 2005.

précurseur de la maladie physique et handicape notre capacité de ressentir la joie.

Dans ma famille, par exemple, mes parents avaient une fille et un garçon avant ma naissance. Ils croyaient avoir assez d'enfants. Puis, un jour, Stevie, cinq ans, a eu un terrible mal de tête. Horrifiés, mes parents ont découvert qu'il avait une tumeur cérébrale inopérable. Et même si mon père était médecin, il était impuissant à défendre son enfant contre cet envahisseur. Stevie est mort moins d'un mois après le diagnostic. Ma sœur a dû se débrouiller sur le plan émotionnel, car toute la famille avait été ébranlée par cette tragédie.

Moins de deux mois après la mort de Stevie, j'ai été conçue. Le fait d'avoir un nouveau bébé a peut-être été pour mes parents une façon d'affronter leur chagrin. Dans les années 1960, on trouvait alors approprié d'avoir tout de suite un autre bébé. Apparemment, ma grand-mère et ma tante ont conseillé à ma mère de tomber enceinte dès que possible, afin de combler le trou béant laissé par le chagrin dans la famille.

Ma mère était encore en état de choc. En grandissant dans son ventre, j'ai reçu toutes ses pensées et ses sentiments, et à ma naissance, je suis entrée dans une famille dont le fondement même avait été immensément ébranlé. De plus, j'étais une fille, et non un garçon, et même si mon père a toujours nié que cela avait de l'importance, il est possible qu'il se soit senti profondément déçu de ne pas avoir un autre fils.

Pour compliquer les choses, la mort de Stevie a peut-être déclenché une amplification cataclysmique de la maladie mentale de ma mère. Un traumatisme important peut parfois provoquer cela. Donc, dès l'époque où mon corps grandissait dans le ventre maternel, ou peu après, ma mère a commencé à perdre la raison (j'y reviendrai plus loin).

Encore aujourd'hui, je découvre encore à quel point cette séquence d'événements a affecté ma vie. Je vois et je sens très nettement certains de mes *samskaras,* comme les appellent les hindous. Ce sont les empreintes ou impressions d'événements antérieurs qui influencent le subconscient. Des problèmes de santé précis, tels que des maux de tête débilitants, peuvent être liés à ma position dans la famille… et à la façon dont je l'ai perçue. J'ai compris que l'un des thèmes de mon âme était de trouver la joie, car je me suis incarnée dans un réservoir de chagrin. Un autre thème consiste à cesser de régler les problèmes de chacun, car il est possible que j'aie été conçue afin de soulager les membres de ma famille de leur désespoir.

Mon histoire est un exemple de la façon dont le milieu *et* la génétique influencent une vie. Arrêtez-vous un moment pour revoir ce qui se passait dans votre famille lorsque votre mère était enceinte de vous. Vous ne connaissez peut-être pas beaucoup votre histoire familiale, mais vous avez peut-être une impression intuitive de votre gestation et de votre naissance. Votre mère était-elle heureuse, en santé et emballée par votre arrivée ? Votre père était-il présent et coopératif ? La famille avait-elle de quoi se loger et se nourrir ? Quelles tensions ont eu un effet sur vos parents à l'époque où ils vous attendaient ?

Toutes ces choses constituent les ingrédients de la soupe familiale. À votre naissance, vous avez ajouté les saveurs de votre âme, mais vous avez également pris en charge les systèmes de croyances inconscients de la famille. Ce n'est que plus tard dans la vie que vous avez consciemment décidé quels aspects vous préfériez garder et lesquels vous vouliez abandonner pour votre équilibre mental et votre santé.

Comme l'affirmait Candace Pert, une neuroscientifique de renom : « L'intelligence est dans chaque cellule de votre corps. L'esprit n'est pas confiné à la zone qui surmonte le cou. L'esprit se trouve dans tout le cerveau et tout le corps[8]. » J'ajouterais que le genre d'intelligence dont parle Candace Pert est vraiment l'Esprit en action. Il peut être totalement aimant — si nous le laissons entrer par le pardon, la libération et l'apprentissage des leçons de notre âme.

### Les bienfaits du pardon sur le plan médical

Les découvertes de HeartMath reflètent les bienfaits du pardon traditionnel, tels qu'ils ont été énoncés par la Clinique Mayo, un centre de recherche et une clinique médicale des États-Unis. En combinant des résultats d'études scientifiques et médicales, les cliniciens de Mayo ont estimé que le pardon représentait des bienfaits constants pour la santé et la société, dont ceux-ci[9] :

- Abaissement de la tension artérielle ;
- Réduction du stress ;
- Réduction de l'hostilité ;

8. http://www.youtube.com/watch?v=yw0qxXQkals

9. http://www.mayoclinic.com/health/forgiveness/MH00131

- Meilleure maîtrise de la colère ;
- Ralentissement du rythme cardiaque ;
- Diminution du risque d'abus d'alcool ou de drogues ;
- Diminution des symptômes de dépression ;
- Abaissement des symptômes d'anxiété ;
- Réduction de la douleur chronique ;
- Augmentation de la réaction immunitaire ;
- Augmentation des relations amicales et relations plus saines ;
- Plus grand bien-être psychologique, religieux ou spirituel ;
- Augmentation du bien-être.

Tous ces bienfaits décrivent une personne en santé, heureuse et en phase avec son monde. Élargir la portée du pardon au-delà du modèle traditionnel, comme nous le ferons ensemble tout au long de ce livre, ne fait qu'augmenter ces bienfaits en accroissant notre expérience consciente de l'Esprit. Imaginez si chacun sur Terre apprenait à pardonner ! En un rien de temps, nous pourrions améliorer la qualité de vie de toute la population de notre planète.

*Chapitre 2*

# *Les sexes, la famille, la culture et notre profond besoin de guérison*

Lorsqu'un bébé naît, tout le monde demande : « Est-ce une fille ou un garçon ? » En tant que nouveau-nés, nous ne pouvons nous empêcher de remarquer que tout le monde s'intéresse au genre du corps que nous avons. Cela semble être l'aspect le plus important de notre arrivée ! En tant qu'âmes éternelles atterrissant sur la piste de la station Gaïa, nous devons trouver cela très étrange. Bienvenue sur la planète Terre, où votre sexe a une importance de premier plan.

Dès la naissance, les adultes enveloppent le tendre poupon dans une couverture bleue ou rose (des traditions similaires existent pour les garçons et les filles dans d'autres cultures). Dès cet instant, débute le conditionnement social. Nous n'avons d'autre choix que d'en faire l'expérience et de l'assimiler. Cette empreinte fait partie de du cheminement de notre vie sur Terre. Elle touche chacun de nous sur bien des plans de l'expérience.

Le sexe auquel vous appartenez a un effet direct sur votre univers émotionnel. Que vous vous sentiez à l'aise ou non dans votre féminité ou votre masculinité, d'une façon ou d'une autre, cela vous influence, ainsi que votre qualité de vie.

Je trouve ce sujet absolument fascinant, surtout parce que les hommes et les femmes semblent vraiment venir de planètes différentes. Trouver un terrain commun et en apprendre les uns des autres, c'est essentiel pour approfondir la compassion et équilibrer notre énergie. Je crois que chacun de nous tend vers un équilibre entre le yin et le yang, c'est-à-dire les énergies féminine et masculine. Cet équilibre est unique pour chaque personne. Certains seront plus androgynes, d'autres plus « femmes », d'autres plus « machos ». Peu importe la catégorie, ce qui compte, c'est que vous vous sentiez complètement à l'aise intérieurement, parce que vous avez découvert la paix de votre essence véritable.

À cause des inévitables diktats du conditionnement social (ainsi que des facteurs physiques), les hommes et les femmes traitent les émotions différemment. Examinez vos peurs, et vous en trouverez autour de vos croyances à propos de votre sexe. Par exemple, les garçons et les hommes apprennent à craindre de paraître bêtes ou faibles. Les filles et les femmes, par contre, apprennent à redouter de paraître laides et vieilles. Notre ego déteste avoir une mauvaise image !

Le système de croyances autour du rôle masculin encourage l'endurance, l'individualité et la compétitivité. Il encourage les hommes et les garçons à ressentir la colère ou le bonheur, mais non la tristesse ou la peine.

D'un autre côté, le système de croyances autour du rôle féminin enseigne aux filles et aux femmes à faire montre de présence maternelle, de douceur et de compassion. Dans la plupart des cultures, on retrouve l'archétype de la femme affichant sa peine et ses larmes, mais pas sa colère ou sa rage.

Tout individu qui possède un ego craint de « perdre la face » et son sentiment d'identité. Car l'ego ne sert qu'à créer une séparation entre vous et moi, nous et eux, l'intérieur et l'extérieur, l'humain et Dieu. Hommes ou femmes, lorsque notre sécurité émotionnelle ou notre survie physique paraît menacée (que ce soit vrai ou non), nous pouvons également craindre de ressentir l'intensité de nos émotions, d'être mis à nu devant les autres, et de paraître vulnérables ou de manquer d'assurance. Même cachée, la colère dissimule souvent notre peur et notre tristesse alors que nous tentons de nous protéger (ainsi que notre image sociale) de la peur et de la perte.

Est-ce que cela vous dit quelque chose ? Voyez comment votre corps, votre sexe et les attentes sociales à votre égard ont tous les jours un effet sur vos émotions. Ce que vous découvrirez vous étonnera peut-être, car cet effet est vraiment profond. Restez en contact avec vos sentiments alors qu'ils montent, en remarquant l'influence sur votre vie d'être un garçon ou une fille : que découvrez-vous ?

## Combler la fracture entre les sexes

Le contact entre les hommes et les femmes est peut-être l'un des canaux les plus troubles du lien entre les humains. Pour bien des raisons, à la fois humaines et spirituelles, nous avons beaucoup de difficulté à franchir le profond canyon qui semble nous séparer.

Spirituellement, beaucoup de nos schémas de l'âme se manifestent à travers un lien avec nos parents, surtout avec celui du sexe opposé. Des épisodes traumatiques de notre première enfance ou de notre adolescence sont reliés à des croyances et à des attitudes de peur par rapport à la vie. De plus, le lignage familial à propos de ce qui constitue un « vrai homme » et une « vraie femme » nous donne beaucoup de raisons de renforcer (ou de faire dérailler) notre éveil spirituel.

Sur un plan physique, la recherche montre que les hommes et les femmes ont un fonctionnement plutôt différent[10]. Selon des études, les cerveaux des hommes et des femmes au repos sont complètement dissemblables. Le cerveau masculin au repos s'assoupit davantage dans le cortex et le mésencéphale. C'est pourquoi l'homme aime avoir un repaire où il peut se recharger. En cas de stress, les hommes produisent plus de testostérone, ce qui augmente leur tendance à l'agressivité. Ils interrompent davantage ce flux, ce qui peut mener à des disputes et à une escalade de conflits.

Les femmes, par contre, utilisent leur cerveau avec une plus grande portée dans les deux hémisphères, même au repos. Le corps de la femme a tendance à produire plus de sérotonine, d'ocytocine, d'estrogène et de progestérone, parfois surnommées les substances chimiques du consensus et de l'attachement. Puisque les femmes portent des enfants (et doivent supporter le fait que les bébés pleurent et défèquent) et sont les premières à

10. http://www.youtube.com/watch?v=jUMqArkEuW0

enseigner à chaque nouvelle génération ; il est donc logique qu'elles utilisent davantage leur cerveau pour écouter et soient plus à l'aise avec la parole et l'intimité que les hommes.

Les recherches montrent que chez une femme sur cinq et un homme sur sept, un « cerveau-passerelle » permet d'incarner plus facilement à la fois des traits masculins et féminins. Si vous êtes muni d'un cerveau-passerelle, vous avez peut-être de la facilité à parler *en plus* d'avoir un style de communication direct, ou vous avez peut-être une grande aptitude spatiale (habituellement un trait masculin) *tout en ayant* une conscience émotionnelle. Une personne dotée d'un cerveau-passerelle tire le meilleur parti des deux mondes, mais ne peut démontrer des tendances passerelles que dans certains domaines de la vie, comme le travail ou le jeu. À la maison, la même personne peut revenir à une personnalité reliée à un cerveau plus féminin ou masculin.

Toutefois, il y a des inconvénients au fait d'avoir un cerveau-passerelle. Certains hommes ne correspondent peut-être pas à la catégorie « vrai mâle » à laquelle s'attend la culture de masse. Ils peuvent avoir des intérêts ou des aspects plus féminins, et courir le risque d'être intimidés et incompris. (Plus d'occasions de pardonner ! Il y en a partout…) Les femmes nanties d'un cerveau-passerelle n'apprécient peut-être pas les activités de la « culture des filles », comme le magasinage ou la décoration intérieure. Si leur style de communication est fort et direct, elles courent le risque de recevoir une étiquette comme « insensible », trop « hommasse », ou « garce ». Pour chacun, y compris les gens dotés d'un cerveau-passerelle, être bien dans sa peau est la seule façon de réussir vraiment dans une société qui veut nous stéréotyper et nous contrôler.

Ce n'est pas moi qui le dis, mais la recherche sur le cerveau. Bien des disputes entre hommes et femmes (avec les déclencheurs émotionnels et les occasions de pardon qui en résultent) proviennent vraiment de la division entre Mars et Vénus. Souvent, nous nous comprenons mal à cause de notre chimie, de nos attentes et de notre incapacité à bien communiquer. Sachant cela, nous pouvons avoir plus de compassion les uns pour les autres, accorder à nos proches plus de latitude pour qu'ils puissent être fidèles à eux-mêmes, et moins prendre les choses au pied de la lettre. Votre pratique du pardon vous aidera à accomplir tout cela.

L'énigme des différences entre les sexes se manifeste partout. Lorsque j'enseignais la paix et la prévention de la violence en tant qu'instructrice invitée à la prison de San Quentin, les hommes me demandaient toujours de leur parler de la façon dont les femmes pensent. Dans les cours, ils découvraient à quel point leurs actes violents provenaient de leur croyance trop rigide sur le rôle des hommes dans la société. Les exemples sont familiers : « Endurcis-toi », « Sois un vrai homme », « Ne pleure pas », « Ne montre pas tes sentiments, sauf la colère. La colère, ça va », « Subviens aux besoins de ta famille » et « Domine ta femme. Au besoin, sois violent ».

Lorsque ces hommes recouraient à leur gabarit et à leur force pour dominer les autres, ils perdaient leur calme et devenaient dangereux. Ils avaient beaucoup assimilé ce système de croyances au cours de leur vie, dès la petite enfance, mais personne ne leur avait rien enseigné sur les filles et les femmes. C'était inspirant d'enseigner aux hommes à respecter une femme autant qu'un homme, à écouter ses opinions et à lui donner autant de liberté qu'un homme en tient pour acquis.

Les détenus étaient tout aussi perplexes que bien des hommes à propos du comportement féminin. Pour les aider à voir ce qu'est vraiment le conditionnement social des femmes, ma fille de 16 ans et moi avons énuméré plusieurs aspects du système de croyances autour du rôle féminin. À la fin, la liste s'étalait sur quatre pages et comprenait des choses comme : « Sois toujours jeune, mignonne et jolie », « Sois intelligente, mais pas plus que ton homme », « Sois soumise pour que ton homme ne se mette pas en colère », « Occupe-toi bien de ta famille. Accorde priorité à ses besoins » et « Sois prude par rapport à ton corps ».

J'ai lu notre liste aux gars de la prison et j'ai fini par créer un séminaire à partir de leurs commentaires. Ensemble, nous avons cartographié toutes les idées préconçues et les règles sur le fait d'être un homme et une femme dans notre société. Nous avons discuté de ce qui était acceptable et ce qui ne l'était pas. Il y avait parfois des différences culturelles, mais en présentant ce séminaire à travers le monde, j'ai découvert qu'il y a beaucoup plus de points communs et de chevauchements que d'exceptions à la règle.

Que vous soyez hétéro, gay ou à part, quels sont vos sentiments à propos du sexe auquel vous vous identifiez — et de « l'autre » ? Avez-vous examiné vos croyances à propos des stéréotypes ? Vous sentez-vous blasé ou cynique à cause d'un passé douloureux dans vos relations ? Évitez-vous les rapports intimes ? Ces questions amèneront à l'avant-plan de votre conscience des zones en manque de pardon. Devenir plus conscient de la dynamique des sexes est essentiel à votre parcours de guérison.

## Votre lignage familial

Après votre naissance, emmailloté par des adultes dans la couverture appropriée, vous avez regardé votre famille. En fait, tout le « bon » et le « mauvais » de la famille constituaient un mélange parfait pour la croissance de votre âme. Votre matrice familiale contenait chaque relation émotionnelle et énergétique requise par votre âme.

Dans votre famille, vous avez rapidement tout appris à propos des émotions et des relations. Vous avez observé votre mère et votre père en interaction, ainsi que la famille élargie, les grands-parents, les frères et les sœurs. Que vos parents aient ou non vécu physiquement dans la maison, c'est ce qui s'est passé. L'essence de l'âme de vos parents était (et est) avec vous, même s'ils vivaient ailleurs, avaient une autre famille, ou étaient morts alors que vous étiez jeune.

La dynamique familiale vous a enseigné s'il était bien ou non d'être bruyant, turbulent et passionné, ou tranquille, introverti et « poli ». Les cultures de vos parents ont eu un effet sur la famille, également, y compris les langues qu'ils parlaient et les religions auxquelles ils adhéraient. Vous avez beaucoup appris de maman, de papa et de tous ceux qui ont influencé votre enfance.

Pensez au foyer dans lequel vous avez grandi. Rappelez-vous les odeurs, les sons, le goût de la nourriture, et l'ambiance générale de la maison et du quartier. Quel effet vous faisait la maison de votre enfance ? Quelles émotions vous viennent avec vos souvenirs ?

Beaucoup de gens ressentent de la joie en se rappelant une enfance heureuse. D'autres grimacent en se remémorant la confusion, la dysfonction, la peur et la douleur de leurs premières années. Peu importe ce qui vous vient – peut-être un mélange d'un tas de choses –, assurez-vous de le traiter avec respect. Donnez-vous du temps et de l'espace pour explorer les sentiments reliés à votre enfance. Voyez si les mêmes émotions ressurgissent encore souvent en vous. Le monde émotionnel dans lequel vous avez grandi inspire probablement votre vie actuelle, et vous guidera dans votre pratique du pardon lorsque vous entamerez les étapes décrites dans la deuxième partie de ce livre.

### La tonalité ou vibration émotionnelle (comme une note de musique)

Quelles tonalités émotionnelles étaient les plus actives dans la maison de votre enfance ? Tout comme la musique, les tonalités émotionnelles parlent à ce que vous avez de plus tendre, c'est-à-dire votre cœur. Par exemple, le foyer de votre enfance vous paraissait-il allègre, drôle et encourageant, comme une polka, un swing texan ou un orchestre de mariachis ? Ou ressemblait-il plutôt à une lourde symphonie ou une marche funèbre de Wagner ? La musique familiale avait-elle une vibration de peur, de silence, de secret, de joie, de rire, de créativité, de maladie, de dépression, de confusion… ou quoi d'autre ?

La musique émotionnelle est avec vous maintenant, dans votre vie adulte. Jouez-vous la même mélodie que vous avez entendue dans votre enfance ? Si vous avez eu une enfance difficile, ne désespérez pas. Il est possible de raffermir votre relation avec les aspects positifs de vos premières années. Le pardon vous montrera comment.

## La culture et le niveau collectif du ressenti

Le bouillon de culture dans lequel nous naissons nous influence dès l'instant de notre arrivée. Il ajoute de la saveur aux concoctions personnelles et relationnelles que nous préparons, et en développe l'arome avec le temps. Notre culture, ou un mélange de plusieurs cultures, nous aide à nous relier à la culture humaine élargie vivant sur Terre.

Le *Grand Robert de la langue française* définit ainsi le mot culture : « Ensemble des formes acquises de comportement dans les sociétés humaines. » J'ai eu la chance d'enseigner à des personnes d'une grande diversité d'origines culturelles, nationales et religieuses. Mes séminaires d'éducation sur la paix m'a conduite dans des prisons, des centres de réadaptation, des écoles et des congrès. Certains détenus sont originaires de quartiers et de cultures que je ne connais pas bien, et j'aime les interroger à ce propos. Nous parlons de leur enfance d'Afro-Américain pauvre du ghetto de Los Angeles; ou de Sicilien-Américain dont les frères, les oncles et le père travaillent dans « l'entreprise familiale »; ou d'Amérindien en colère, désillusionné et rebelle; ou de Blanc pauvre, à peine sobre et dépourvu au plan émotionnel pour affronter la jalousie et la violence... La liste est interminable. Chaque personne doit travailler avec un amalgame différent qui fait ressortir les schémas de son âme et les domaines de son apprentissage.

Dans un cours sur l'émancipation émotionnelle, des étudiants ont parlé de leur sentiment d'exclusion et de rejet par rapport à la culture majoritaire. L'une des participantes a raconté son passage de la ferme à la ville, confinée à un rôle de « plouc » (en plus d'avoir honte d'endosser le sectarisme des « gens de la ville » — elle se sentait coupable d'avoir été plouc pendant 40 ans!). Une autre a raconté ce que c'était que de passer pour la « fille à papa » du patelin, même si sa famille n'était pas très riche, parce que son père était mieux instruit que la moyenne. Elle aussi, depuis longtemps, supportait mal cette étiquette.

En donnant un cours de justice réparatrice dans un centre de réadaptation pour les jeunes, j'ai eu droit à un témoignage de première main sur les impacts de la culture sur nos jeunes. Un grand nombre de mes étudiants sont nés dans la pauvreté rurale, alors qu'à leur naissance leurs parents avaient entre 15 et 17 ans, et certains étaient déjà eux-mêmes parents. Dès leur prime naissance, mes étudiants ont tous connu beaucoup de violence dans leur foyer. Elle s'infiltrait dans leurs os, leur esprit et leur façon de voir le monde. Presque tous avaient le sentiment que, devant tout affront, désaccord ou « manque de respect », leur meilleur (et seul) recours était la vengeance. Plongés dans la culture familiale de l'agression, ils étaient fiers d'exhiber leur affiliation à un gang, leurs tatouages et les galons qu'ils avaient gagnés pour s'affirmer aux yeux de l'autre gang.

Leur souffrance était palpable dans la salle, et elle s'exprimait tant par les rires que par les larmes. Ce mal-être générationnel a semé la pauvreté, la drogue et la violence dans son sillage. Beaucoup d'étudiants vivaient avec l'horreur du génocide, car ils étaient de descendance amérindienne. D'autres étaient d'origine blanche et latino-américaine. À moins de changer profondément leur façon de penser, d'agir et d'appréhender le monde, tous étaient destinés à la prison.

Heureusement, après quelques semaines au cours desquelles ils m'ont impitoyablement mise à l'épreuve, nous sommes parvenus à nous apprécier mutuellement, d'une façon quelque peu décalée. Je leur ai enseigné la paix et ils m'ont enseigné la patience et la persévérance. Je me suis attachée à chacun d'eux. Le temps nous dira s'ils ont retenu leurs leçons, et s'ils feront des choix sains à l'avenir, mais désormais, ils ont une base pour les accompagner sur la voie du pardon.

Un autre exemple de l'effet culturel provient de ma famille. Ma grand-mère a grandi dans une famille juive, pauvre et urbaine. Petite fille, elle habitait dans un ghetto d'immigrants à New York. Les horribles incendies d'immeubles étaient courants à l'époque, et je suis sûre qu'elle les a vus, ou peut-être même a-t-elle dû s'échapper de chez elle alors qu'elle était enfant. Ses peurs ne l'ont jamais quittée (donc, elle n'a pas pardonné), et elle s'est inquiétée à propos de sa famille en tentant de nous protéger de ces terrifiants souvenirs de son enfance.

À ma naissance, nous habitions en banlieue. Il n'y avait pas de grands immeubles et très peu de risque d'incendie. Physiquement, notre vie était beaucoup plus sécuritaire que celle de l'époque de ma grand-mère, mais la peur s'est perpétuée de grand-maman à mes frères et sœurs et à moi. Elle nous disait toujours : « Mettez votre pyjama la nuit, au cas où il y aurait un feu ! »

J'ai grandi dans la peur terrible d'un brasier nocturne et inopiné, et seulement récemment, je me suis aperçue que ma peur charriait des générations entières de souvenirs et de pensées. J'ai gardé cette peur tout au long de mon enfance, et j'ai fini par dépasser ce profond sentiment de panique nocturne en quittant la maison familiale. Étrange, non ? C'est ainsi que la culture et les souvenirs se transmettent d'une génération à une autre — de façon irrationnelle, à partir de la peur et du désespoir, de la joie et de la fierté, et de toutes les émotions intermédiaires.

Prenez un moment pour revoir la ou les cultures auxquelles vous vous identifiez. Tenez compte de votre sens du patriotisme et de la nation, des sous-cultures auxquelles vous appartenez, et de votre affiliation religieuse. Avez-vous une relation amour-haine avec vos cultures ? Avez-vous fui l'une d'elles pour en adopter une autre ? Nourrissez-vous encore des souvenirs d'enfance reliés aux fêtes, cérémonies ou attitudes que vous avez reçues de votre famille ? Que dire de la culture sous-jacente du pays où vous êtes né ou que vous avez quitté ?

Tous ces facteurs ont une influence sur votre vie émotionnelle, car chaque culture a des règles tacites sur la façon d'aborder les émotions. La culture de votre famille, de votre langue, de vos traditions religieuses (ou de leur absence), et les sous-cultures de votre adolescence ou de votre identité sexuelle forment votre sensibilité sur un plan très personnel. Vous en êtes peut-être largement porteur sans même le savoir. La culture et toutes les présuppositions, pensées et émotions qui l'accompagnent nous marquent, souvent très jeune et inconsciemment, et rendent notre vie plus riche et colorée. La culture est une chose incroyable : elle est difficile à décrire, et pourtant, son effet est palpable.

À mesure que vous explorez les zones de votre vie que vous aimeriez pardonner, gardez à l'esprit votre identité culturelle et sexuelle. Lorsque vous dévoilez des zones de douleur et de peur, vérifiez si certains aspects de votre identité culturelle ou sexuelle jouent un rôle dans votre histoire. Ils feront partie du décor qui illustre votre incarnation actuelle. Même s'ils semblent durs ou décourageants au premier abord, ils peuvent vous aider à vous éveiller.

J'ai découvert que plus je deviens consciente des nombreuses variétés de l'expérience humaine qui surgissent dans ma vie, comme celles qui sont reliées à l'identité culturelle et sexuelle, plus je peux compatir lorsque la même chose arrive à quelqu'un d'autre. Lorsque je m'aperçois que j'ai été conditionnée dès la naissance à me considérer d'une certaine façon, fort limitée, en tant que fille et femme, je peux me détendre et ressentir cette vérité pour des millions de femmes à travers le monde. Lorsque je me mets à l'écoute des difficultés de l'endoctrinement social imposé aux hommes et aux garçons, je peux me détourner du sentiment de colère et de séparation à leur égard et plutôt les accueillir comme des frères. En vérité, nous ne sommes qu'une seule et même personne, ici-bas. Lorsque nous pourrons vraiment vivre à partir de cette simple réalité, nous trouverons la force et l'amour mutuel en mesure de nous guérir et de nous apporter la paix.

# DEUXIÈME PARTIE

## *Les étapes du pardon et de la liberté*

*Chapitre 3*

# *Première étape — Créer un espace sacré*

« Lorsque des humains participent à une cérémonie,
ils entrent dans un lieu sacré.
Tout ce qui existe en dehors de cet espace
perd de l'importance.
Le temps revêt une dimension différente.
Les émotions circulent plus librement.
Les corps des participants se remplissent
de l'énergie de la vie,
et cette énergie s'étend pour répandre
des grâces sur la création qui les entoure.
Tout se renouvelle ; tout devient sacré. »

– Sun Bear, auteur et chef spirituel Chippewa

## Qu'est-ce qu'un espace sacré ?

En fait, l'espace sacré est toujours avec nous, autour de nous et en nous, mais nous le remarquons rarement dans notre monde trépidant. Comme nous avons été entraînés à considérer le monde extérieur et matériel comme étant plus réel que notre vie intérieure (et parce que nous y avons consenti), il nous faut un mécanisme afin de tourner notre regard dans l'autre sens. Un espace sacré nous permet de créer et d'inclure consciemment la part spirituelle en nous dans notre guérison. Sans l'âme, il n'y a pas de véritable guérison.

Par définition, le mot *sacré* veut dire « qui appartient à Dieu ; consacré ; saint ». Créer un espace sacré signifie donc que nous donnons un sens divin à l'espace qui est en nous et autour de nous. Nous l'imprégnons de sainteté par la reconnaissance de ce que les Amérindiens appellent le « cercle sacré », le rapport au cercle divin ou à la spirale. En retournant consciemment à la paix du Mystère, nous ramenons l'espace et le temps à l'éternité. En guise d'offrande, c'est le monde tridimensionnel au complet que nous déposons sur l'autel de l'Esprit. Nous quittons alors l'espace et le temps pour faire place aux miracles.

Dans notre espace sacré, nous honorons le processus de guérison et demandons de l'aide. Nous cherchons un lieu humble et ouvert, que nous trouvons en nous. Nous ne supplions pas Dieu, nous ne posons pas d'exigences ; nous usons plutôt de patience et de simplicité. Nous faisons appel à la sainteté et reconnaissons sa place essentielle dans notre vie. Nous n'avons rien à y ajouter, car elle est complète par essence ; par contre, nous y amalgamons consciemment notre conscience vitale. C'est un lieu d'abandon total, car nous voulons recevoir la bénédiction du Divin. Sans cet abandon, nous n'aurions pas l'espace nécessaire pour recevoir sa bénédiction. Créer un espace sacré, c'est tout simplement s'élever dans la sainteté déjà présente et qui nous accueille en son sein.

## Pourquoi créer un espace sacré ?

Nous avons bien des raisons d'entamer le processus de pardon par la création d'un espace sacré. Les principales concernent deux aspects essentiels de la guérison qui nous accompagneront durant tout le processus :

1. *Nous créons un lieu sûr dans lequel nous pouvons nous abandonner.* En formant un espace sacré, nous entrons dans un lieu de confiance, un endroit sécuritaire où déposer une fois pour toutes notre fardeau. En créant un lieu sacré pour y laisser la douleur du passé, nous sommes confiants de pouvoir confier nos problèmes et nos traumatismes à l'Esprit, de façon définitive et éternelle. Ce faisant, nous demandons l'aide et le soutien des anges, des maîtres ascensionnés et des autres énergies divines qui guident notre éveil.

L'une des difficultés de la libération émotionnelle, c'est la crainte de ne pas savoir ce qui adviendra. À nos yeux, le monde peut nous paraître dangereux. Il y a peut-être, tapie dans l'ombre, cette pensée : « Tu ne peux pas te libérer de cette terreur et de cette souffrance. Qu'en feras-tu ? Où l'enverras-tu ? Comment peux-tu être sûr de ne blesser personne – en risquant peut-être d'empirer les choses – si tu te libères d'un tel fardeau empoisonné ? Mieux vaut garder cette souffrance à l'intérieur et habilement la recouvrir de quelques couches de déni pour qu'elle reste cachée. C'est ce que tu *devrais* faire. »

Certaines techniques de libération émotionnelle impliquent des visualisations élaborées : on place la douleur dans un ballon et on l'envoie flotter dans le ciel, ou on la jette à la poubelle. Ces techniques sont parfois utiles, et tant mieux si elles fonctionnent pour vous ! Mais si vous êtes comme moi, votre esprit a plus d'un tour dans son sac. Il demandera : « Où est passé le ballon ? Qui a sorti les ordures ? »

C'est là qu'intervient la grâce d'un espace sacré pour venir à notre rescousse et à celle de tous les êtres qui nous entourent. Nous devons enfin nous libérer de nos histoires et conclusions fantaisistes auxquelles nous sommes arrivés, et pour cela, il nous faut de l'aide. Il s'avère que notre âme trouve rassurant un espace sacré qu'on a créé consciemment. Celui-ci est donc essentiel au travail du pardon.

2. *Nous puisons dans notre espace sacré la force, l'inspiration, la sagesse et le soutien nécessaires.* La grâce du sacré nourrit notre être sur tous les plans : physique, émotionnel, mental et spirituel. L'espace sacré est un lieu vers lequel on tend les bras pour recevoir une sagesse intuitive, une vision et une révélation. En fait, on n'a pas à sortir de cet espace *pour quoi que ce soit*. Dans cet espace, tout est bien et rien ne manque. La nourriture de l'Esprit restaure notre âme. En plus d'être tout simplement exquise, elle change le réseau neuronal dont nous avons empreint notre cerveau. Puiser à même cet espace sacré reprogramme notre cerveau, notre cœur, nos cellules et notre circulation sanguine. En respirant résolument dans la bonté intrinsèque de notre nature divine, nous

modifions notre réalité intérieure et, ce faisant, changeons et élevons notre vie.

## L'espace sacré n'est pas un lieu

L'espace sacré n'a ni murs ni plancher, et certainement ni toit ni plafond. Ce que je décris ici ressemble davantage à un « courant sacré » dans un état conscience – le divin retour du fleuve à la mer primordiale.

L'espace sacré n'est pas limité aux dimensions physiques. Il dépasse aussi toutes les images mentales et émotionnelles que nous pouvons nourrir. Il a une vibration d'amour, de compassion et d'accueil, mais ne ressemble sans doute pas à l'image que nous nous en faisons. Par exemple, si nous tenons pour acquis que l'amour est par définition doux et mielleux, cela peut nous désorienter et nous faire réagir s'il se présente à nous dans sa vérité débordante, intense et fougueuse. Ou si nous croyons que pour être avec Dieu, il faut *faire* quelque chose, nous pouvons nous sentir mal à l'aise ou perdu si notre petite voix intérieure nous recommande d'*être* tout simplement. Voilà une autre invitation à quitter la rive pour voguer en toute innocence, même si nous ne savons pas à quoi nous attendre vraiment, ni qui est là pour nous soutenir.

## La confiance

Plus vous vous exercerez à accueillir la sainteté dans votre vie, plus vous ferez confiance à sa force tranquille. La confiance compte pour beaucoup lorsqu'il s'agit de créer un espace sacré, car le sacré — pour la plupart d'entre nous, en tout cas — est invisible. Alors, nous nous tournons vers un vaste espace informe où chacun, peu importe sa nature ou son passé, peut établir un contact. (En fait, nous sommes déjà connectés — seulement, la plupart d'entre nous l'ont oublié.) Cet espace est accessible à tous, cela fait partie de sa vérité. Vous et moi sommes automatiquement inclus. Alors, plus d'excuses : il est temps de plonger !

## Ralentir

Pour créer un espace sacré, la première étape est simple : ralentir. Après tout, nous nous préparons à un profond travail de guérison intérieure, et nous devons lui accorder la reconnaissance et le respect qu'il mérite. Si nous nous laissons distraire par des banalités et donnons libre cours à notre « singe mental » qui saute et se balance constamment d'une pensée à l'autre, nous ne pourrons pas pénétrer dans la nature sacrée de notre guérison.

Ralentir en toute conscience procure de nombreux avantages :

- Nous cessons de fuir le malaise, ce qui nous dispense de nous cacher, et nous permet de retourner à la dignité et au respect de soi ;
- Nous nous exerçons intérieurement à élargir notre exploration par l'intention, la concentration et la détermination ;

- Nous observons l'ego en action et apprenons son fonctionnement afin de pouvoir à l'avenir le repérer sous ses divers contours et camouflages ;
- Nous écoutons la voix de notre corps émotionnel – ses besoins, sa sagesse, et notre attitude par rapport à nous-mêmes et autrui (depuis toujours, peut-être) ;
- Nous recevons la bénédiction de notre voix intuitive, qui ne nous parle qu'au présent, qui est « l'instant sacré ».

J'ai eu jadis une cliente nommée Sherry, une femme d'une conscience élevée et d'une grande beauté. Elle s'était rendue en Inde pour pratiquer le yoga, et a acquis un regard profond empli de sagesse. Elle comprenait la valeur du pardon. Mais elle était accro à l'action, aux divertissements et aux activités sociales. Pour elle, la partie la plus difficile de son parcours spirituel consistait à ra-len-tir et à respecter le travail. On aurait dit qu'elle avait rapporté ses dons actuels d'une vie passée et que, durant celle-ci, elle ne cessait de batifoler.

Sherry savait qu'elle devait cesser de s'ébattre, car cela ne l'amusait plus tellement. Avec l'âge, son jeu paraissait plus forcé, et sa douleur intérieure la rattrapait. Elle avait surtout de la difficulté à s'abandonner, non seulement à vraiment sentir sa souffrance pour la libérer, mais aussi à s'accorder le temps et l'espace nécessaires pour commencer son parcours.

Lorsque les choses empiraient, elle prenait rendez-vous avec moi. Pour elle, je devenais la personne de confiance qui pouvait entretenir son espace. Mais pour elle, l'étape spirituelle suivante consistait à faire son propre travail.

Il est clair que mon rôle n'est pas de vous servir de béquille (ni à qui que ce soit). Au contraire, mon travail consiste à vous guider sur la voie, à vous enseigner certaines étapes et pratiques, puis à vous permettre de ralentir, de vous mettre à l'écoute, et de vous centrer à tout moment, tout le temps.

## Exercice de ralentissement

Voici quelques suggestions qui vous seront utiles pour ralentir.

Assoyez-vous et mettez-vous à l'aise. Gardez votre colonne droite au lieu de vous affaler, et sentez le « tube de lumière » qui traverse le centre de votre corps. À quelques reprises, respirez à fond, lentement et longuement, et invitez-vous à être complètement, intégralement PRÉSENT DANS L'INSTANT. Ralentissez votre activité mentale en vous rappelant votre engagement à la sincérité dans ce travail de guérison. Ralentissez tout en sentant les zones sensibles en vous. Éprouvez les émotions qui entourent votre volonté de guérir, et votre volonté de vivre cette guérison à tout prix. Tout au long de votre séance de pardon, continuez à encourager la manifestation des sentiments de sincérité et de bonne volonté, en vous rappelant que les émotions sont la voie et la porte qui mènent au pardon. Respirez et détendez-vous le plus possible dans l'instant, et continuez aussi longtemps que vous le souhaitez.

## Des façons de créer votre espace sacré

Dégagez un endroit pour travailler. Fermez la télé, décrochez le téléphone (sans oublier le téléphone portable), le télécopieur, l'ordinateur et cessez les activités de la journée. Si vous avez des enfants, planifiez un moment et un endroit où ils pourront s'amuser, sans que vous soyez interrompu. Allez dans votre endroit le plus sacré – dans votre maison, dans la nature, partout où vous pouvez le plus facilement vous centrer et vous concentrer sur vos intentions.

Lorsque vous aurez déterminé l'endroit où vous livrer à votre travail intérieur, dégagez-le de tout encombrement. Cela ne veut pas dire nettoyer la maison de fond en comble, mais vous entourer de beauté, de clarté et d'espace. Si c'est votre chambre à coucher, rangez un peu. Si vous êtes à l'extérieur, préparez un endroit confortable et propre où vous asseoir. Ce faisant, vous manifestez le désir d'avoir dans votre espace extérieur la dignité et l'ordre qui refléteront la clarté que vous vous apprêtez à puiser au fond de vous. Comme toujours, l'événement principal est intérieur : ne vous égarez pas en fignolant le décor. Accordez-y de l'amour et de l'attention, tout simplement. Comme vous accueillez la grâce de l'Esprit dans votre vie, votre esprit, votre corps et votre sang, vous l'honorez de toute la vénération dont votre cœur est capable.

J'ai chez moi quelques endroits que je réserve à la prière et au travail intérieur. L'un d'eux offre une vue magnifique sur le mont Shasta, dans toute sa splendeur couronnée de neige ; un autre est muni d'un bel autel ; un autre est dehors. Selon mon humeur et la météo, je me rends à l'endroit qui me semble le plus accueillant. Je trouve que l'élaboration d'un sanctuaire dans notre environnement est une magnifique pratique. Elle ne requiert ni argent ni même beaucoup de temps. Il suffit d'avoir l'intention de créer un autel, qui n'est qu'un symbole de la clarté et de la paix que vous voulez connaître en vous.

Si vous n'avez jamais fait d'autel, vous pouvez prendre plaisir à essayer avec tout ce qui vous réchauffe le cœur. Même si vous avez déjà un autel à la maison, consacrez-y de l'attention et changez d'agencement de temps à autre. Si vous avez des fleurs, gardez-les fraîches et jolies. Mais les fleurs séchées peuvent aussi donner un bel effet.

Avec de l'ouverture et de la bonne volonté, vous aurez un lieu sanctifié qui reflétera ce que vous aimez. Son aspect dépendra de votre personnalité et de vos goûts. En général, la simplicité est la meilleure chose. Vous pouvez ajouter des chandelles, des photos de maîtres ascensionnés et de saints, des coquillages et d'autres objets naturels — tout ce qui ramène votre attention au caractère sacré de la vie. L'essentiel, c'est de réserver un moment et un espace de qualité propice à la solitude et à la guérison.

## La prière comme moyen de connexion

La prière est l'un des meilleurs outils du processus d'éveil. C'est une façon de dépasser notre cadre psychologique familier, tout en attirant consciemment l'amour et la paix dans notre vie. Nous prions parfois pour demander de l'aide : ce faisant, nous avouons ne pas pouvoir aller plus loin sans nous connecter à notre source divine. Cela suscite l'humilité dans notre cœur et notre esprit, et l'humilité est toujours un bon point de départ.

La prière est une déclaration que nous nous faisons à nous-mêmes ainsi qu'à l'Unique qui nous donne vie. Dans notre constante conversation avec la Source, nous disons : « Bon, je l'avoue, tu m'as créé. Je ne me suis pas créé tout seul. J'ai créé ma situation, mais pas mon âme. Alors, je dois retourner au bercail, me ramener par la main au cœur de tout ce qui existe. Je le fais par la prière. S'il te plaît, aide-moi à me libérer de toute illusion et de tout ce qui est faux. Aide-moi à guérir afin d'accéder à la vérité. »

Par la prière, nous cherchons à attirer le soutien et la sagesse intuitive dans notre vie. Même si nous parlons à l'immensité de l'Être divin, nous ne demandons rien d'extérieur à nous-mêmes. L'Esprit n'est pas « un autre » auprès de qui nous devons plaider notre cause. Ce n'est pas un juge redoutable, et les anges et les maîtres ne forment pas un jury. *Dieu est une force thérapeutique d'amour créatif constamment disponible*, et par la prière, nous invitons consciemment cette force dans notre esprit, nos émotions et notre corps.

## Prier, c'est être humble et humain

Lorsque vous vous détendez dans l'espace de la prière, vous vous joignez à des milliards de gens à travers le monde qui prient *en ce moment* dans leurs propres langues et cultures. D'innombrables prières ont survécu pendant des milliers d'années, et beaucoup d'entre elles sont tout aussi inspirantes aujourd'hui qu'il y a des siècles, lorsqu'elles ont été récitées pour la première fois.

La prière est une façon de se joindre à chaque être humain qui a éprouvé de la gratitude pour l'immense cadeau de la vie, ou qui s'est senti fragile ou effrayé, ou qui a eu besoin d'une aide quelconque. Je ne sous-entends pas que prier est un signe de faiblesse… pas du tout ! Cependant, lorsque nous abattons nos murs d'orgueil et d'isolement, nous pouvons nous fusionner avec le grand Tout — et c'est là que réside notre pouvoir.

Faire une prière, c'est s'ouvrir à la précieuse force de guérison de l'Être infini. Peu importe dans quelle langue vous priez ou quels noms vous utilisez, peu importe ce qui s'est passé ou comment on se sent. La prière nous met tous sur le même pied d'égalité, car grâce à elle, nous acceptons l'humilité et le désir d'apprendre. Par la prière, nous nous ouvrons à certains enseignements et prises de conscience, et nous dégageons la voie vers la lumière, l'amour et l'émerveillement.

« Dieu parle dans le silence du cœur.
Écouter est le commencement de la prière. »
— Mère Teresa

## Votre prière

Quels aspects de l'essence pure voulez-vous inviter dans votre processus de pardon ? Donnez-leur forme par votre prière. Envoyez des ondes d'intention dans les domaines invisibles afin de formuler une déclaration et de laisser une empreinte sur les choses de la vie. Par exemple, si vous voulez inviter la sincérité, la bonne volonté et la guérison, commencez par incarner ces qualités en vous au cours de votre prière. Chaque qualité que vous souhaitez avoir, amenez-la consciemment, par la parole, dans votre cœur et votre esprit.

Si vous voulez, ajoutez une invitation à l'intention des maîtres ascensionnés, des saints et des anges, en leur demandant de se joindre à vous dans votre espace sacré. Plus tard, vous ferez appel à eux pour qu'ils vous soutiennent et vous encouragent. Vous formerez ensemble un cercle d'union qui vous rappellera qu'on ne s'éveille jamais seul.

Dans ce genre de travail, il vaut mieux prier à voix haute. En articulant nos prières, nous attirons notre intention dans le monde physique. Nous ne nous cachons pas dans le secret imaginaire de notre esprit, mais nous faisons plutôt une déclaration à qui veut l'entendre (même si vous êtes seul au cours du processus). Il est convaincant d'entendre sa propre voix, et après avoir parlé tout haut, on ne peut pas faire comme si la prière n'avait jamais eu lieu. Elle est réelle et authentique.

La prière suivante n'en est qu'une parmi une infinité de possibilités. Je vous encourage de tout cœur à centrer votre prière sur ce que vous ressentez dans l'instant, au lieu d'utiliser les prières déjà toutes faites auxquelles vous avez peut-être eu recours dans le passé. Cela vous semblera peut-être un peu étrange au départ, mais essayez-la quand même. Cela en vaut la peine, car prier spontanément fait appel à la créativité et aussi à la vulnérabilité. Elle vous fait passer de votre esprit à votre cœur, en vous amenant précisément dans l'instant présent. Car c'est tout ce qui existe, non ?

Durant votre prière d'ouverture, *remettez-vous-en pleinement au fait que votre prière se réalisera* pendant la séance. Cette prière sera exaucée, car votre bonne volonté et votre sincérité la manifesteront alors que vous poursuivez l'exploration des enjeux du moment. Ouvrez-vous à recevoir ce que vous demandez par la prière. Et ne vous empêtrez pas dans des idées préconçues quant aux résultats. Tout ce que vous direz sera parfait, pourvu que cela vienne d'un cœur aimant et ouvert.

*Mon Créateur bien-aimé,*
*Toi qui as tout créé,*
*je m'ouvre à présent aux bienfaits de l'amour.*
*Avec sincérité, ouverture et bonne volonté, je te fais cette prière.*
*Je prie pour guérir, apprendre, me détacher et me libérer.*
*Je suis prêt à recevoir de l'inspiration et des conseils.*
*Je suis si reconnaissant pour la vie que je mène à présent.*
*De l'intérieur, je m'ouvre à tous les aspects de mon être.*
*J'inclus à la fois la lumière et l'obscurité,*

*ce qui est conscient et ce qui était inconscient,*
*afin que je connaisse tous les aspects de mon être !*
*J'invite ici les sages, les maîtres et les anges*
*à former un divin cercle de guérison avec moi.*
*Je rends grâce pour l'aide que je reçois.*
*Je m'ouvre à la révélation et à la sagesse*
*dans les domaines de [...].*
*Je suis béni.*
*Ainsi soit-il !*

Chapitre 4

# Deuxième étape — Raconter son histoire

Après notre prière, nous passons à la deuxième étape : raconter notre histoire. Nous explorons ici le drame humain de notre histoire personnelle afin de guérir nos souvenirs de traumatismes, nos regrets et nos peines. Avouant être seul responsable de notre univers émotionnel, nous jetons également un regard honnête sur la façon dont nous avons entretenu les situations qui nous ont tourmentés et qui continuent de le faire.

À la deuxième étape, nous utilisons le pardon pour nous détacher d'une illusion douloureuse, et retrouver l'union avec notre Source. Le pardon et la conscience curative de l'Esprit sont toujours des guides dignes de confiance, mais pour utiliser les techniques efficacement (plutôt qu'au hasard), il nous faut une carte routière. Heureusement, la carte est facile à localiser, car elle se trouve en nous, et prend forme à l'intérieur des histoires de notre vie.

Lorsque vous avez choisi de lire ce livre, vous aviez probablement un problème émotionnel qui, plus que les autres, réclamait votre attention à grands cris. Vous pouvez décider de débuter par cette question, ou vous pouvez y aller lentement, en commençant votre exploration par un problème mineur, juste pour tâter le terrain. Personnellement, j'ai tendance à aborder les questions émotionnelles avec enthousiasme, mais comme cela ne fonctionne pas toujours bien pour chacun, sondez votre âme et commencez par le conflit qui émergera des eaux profondes de votre subconscient.

## Mon histoire, ou comment je me suis orientée vers le pardon[11]

Je m'émerveille parfois de voir des amies qui ont une mère dynamique et en santé. L'une d'elles m'a dit qu'elle considérait sa mère comme sa meilleure amie. Je me dis alors : « Ah, si j'avais eu une mère qui, au lieu de mourir, m'aurait enseigné à parcourir la vie, une mère saine d'esprit, lucide et capable de m'encourager ! »

Oui, je m'émerveille et je me pose des questions, mais je me sens parfois triste et laissée pour compte. Grandir dans ma famille n'a pas été facile. En fait, par moments, cela m'a paru plutôt affreux. Mais cette turbulence familiale a engendré une importante guérison.

### *Mon secret de famille*

J'ai grandi dans une banlieue du New Jersey dans les années 60 et 70, auprès de parents de culture juive qui

11. Tipping, Colin, et autres. *Why You Still Need to Forgive Your Parents, and How to Do It with Ease and Grace*, Atlanta, Global 13 Publications, 2010.

montaient dans l'échelle sociale et encourageaient l'éducation et la réussite. Mes deux sœurs et moi avions un destin tout tracé : nous devions nous conformer et réussir. En même temps, nous tentions de ne pas être trop malheureuses. Notre famille partageait de bons moments, et les enfants étaient bien entourés. Mais en général, notre foyer était secoué par les conflits et les déceptions. Nous nous efforcions d'être une famille de banlieue parfaite, et du coup, nous en faisions accroire à tout le monde, à commencer par nous-mêmes.

Jusqu'à sa mort en 1985, ma mère était une femme affectueuse, créative, talentueuse et belle, ainsi qu'une pianiste accomplie, dotée d'une merveilleuse grâce artistique. C'était aussi une femme craintive, désorientée, déroutante, dépressive, silencieuse, instable et incroyablement inconstante. De nos jours, un médecin diagnostiquerait un trouble bipolaire, c'est-à-dire une manie dépressive. Enfant, tout ce que je savais, c'était que j'aimais ma mère, mais je sentais intuitivement qu'au fond, par quelque mystère, quelque chose ne tournait par rond dans la maison.

Le trouble de ma mère était extrême et dangereux pour sa santé. Ma famille entière souffrait avec elle, alors que nous oscillions vertigineusement entre l'amour et la colère, la confiance et la peur, l'exubérance et la panique. Tandis que ses changements d'humeur étaient plutôt évidents, la plupart du temps, nous vivotions en silence, presque toujours intérieurement, psychologiquement, car nous nous efforcions tous d'être une « famille normale et heureuse ».

Nous avions un secret : maman était dépressive et avait perdu la tête. Nous avions aussi un plus grand secret, inconscient, celui-là : toute la famille était cinglée, mais nous vivions dans un profond déni. Cette dynamique suffisait à nous faire tous courir dans cinq directions différentes, seuls, désorientés, sans aide ni guidance spirituelle.

Par moments, la vie familiale me paraissait surréaliste. Enfant, j'avais une extrême difficulté à supporter ma « double maman ». La première mère était réelle : aimante, bienveillante, tendre. L'autre était changeante, parfois agressive, souvent repliée sur elle-même, et carrément déroutante. Je ne savais jamais laquelle allait apparaître à un moment donné, et j'avais tellement peur que j'en faisais des cauchemars. On aurait dit que deux personnes habitaient à l'intérieur de ma mère. L'une était gentille et merveilleuse. L'autre était comme des fantômes malveillants qui me torturaient ainsi que ma famille. Je les imaginais « dézipper » le corps de ma mère pour l'en sortir et la remplacer par leur présence impitoyable. Ensuite, ils la rezippaient, et personne ne voyait la différence. Cependant, même très jeune, je savais immédiatement qui résidait dans le corps de ma mère. Je me demandais toujours où elle allait lorsque les imposteurs s'emparaient de son corps, mais je ne savais pas à qui le demander.

À 10 ou 11 ans, j'avais déjà appris à pressentir, à l'odeur des molécules de la maison, si la journée serait agréable ou morose. Au retour de l'école, il me suffisait d'ouvrir la porte et de littéralement humer l'air. Au secondaire, je me suis aperçue que les jours euphoriques de ma mère pouvaient être pires que ses jours de déprime. En état d'exaltation, ma mère me semblait encore plus exaspérante que dans ses moments d'abattement. Quand elle était euphorique, elle avait moins d'inhibitions, et je ne savais jamais ce qu'elle allait faire. Peu importe son humeur, je voulais seulement prendre les jambes à mon cou et me cacher.

Selon la journée ou l'heure, ma mère voyait la vie fort différemment. Par exemple, un jour, elle a dit : « Il te faut un nouveau manteau d'hiver. Allons en acheter un vraiment beau, chaud et à la mode. » Mais un autre jour, elle m'a servi tout un sermon sur mon comportement « frivole » parce que j'avais acheté un shampooing un peu cher. *Frivole* était l'un de ses mots favoris, sauf les jours où elle arpentait le centre commercial en se livrant à des dépenses folles.

À la maison, pour composer avec l'incertitude et les changements constants, je m'efforçais d'être une « bonne » personne. Je croyais qu'en étant une bonne fille, cela m'apporterait la sécurité et l'acceptation de mon entourage. J'avais de bons résultats scolaires, je chantais dans la chorale, et je rentrais à la maison à l'heure dite. Plus tard, comme cela ne semblait pas me réussir, j'ai choisi la rébellion et les crises existentielles de l'adolescence. J'enfreignais les règles, je m'esquivais le soir, et j'essayais diverses drogues pour me divertir et comme médication. Même si je tentais de « me » changer en modifiant mon image personnelle, rien ne guérissait mon cœur ni mes problèmes familiaux.

Sans nécessairement le vouloir, mes sœurs et moi avions adopté des rôles sociaux et familiaux. Ma sœur aînée jouait « l'astucieuse », et ma sœur cadette, « la coquette ». Les gens m'appelaient parfois « la belle », mais je n'étais pas tellement certaine de l'être.

– Est-ce que je suis belle ? ai-je plus d'une fois demandé à ma mère.

– Assez belle d'ordinaire, répondait-elle immanquablement.

Je me suis toujours demandé où elle avait trouvé cette réplique. Je voulais qu'elle me dise : « Oui, ma chérie, tu es toujours belle, au-dedans comme au-dehors. » Je voulais de tout mon être qu'elle m'aime et m'approuve. De plus, à la puberté, à mesure que mon corps changeait, j'avais besoin de savoir comment m'y prendre avec l'attention que les garçons me portaient, et son commentaire me semblait plus blessant que bénéfique. Comme la plupart des adolescents, je me sentais vulnérable et désorientée devant la vie. Je savais toutefois qu'elle ne voulait pas que je m'enfle la tête si elle me faisait un compliment. Elle ne croyait pas en mon être intérieur, et je ne faisais pas confiance au sien. Nous nous reflétions parfaitement l'une dans l'autre.

### *Je ne suis pas ma mère*

Pour couronner le tout, lorsque je suis devenue une adolescente, elle me disait souvent : « Tu sais, de toutes mes filles, tu es celle qui me ressemble le plus. » En réponse à cette remarque, j'ai développé un trouble gastro-intestinal chronique. Mon père, un médecin, m'a prescrit des médicaments, mais après quelques mois, j'ai eu recours à une thérapie.

Je voulais seulement que le thérapeute me dise : « Tu es différente de ta mère. À t'entendre parler, tu ne lui ressembles pas du tout. » Je me suis sentie si soulagée lorsque j'ai entendu ces mots ! Dieu merci ! Je ne suis pas elle. Je ne suis pas ça.

Même si j'aimais ma mère, elle me rendait folle. J'avais parfois la chair de poule lorsqu'elle était près de moi, et je reculais lorsqu'elle voulait un câlin. Son besoin d'affection m'accablait parfois. Je ne savais tout simplement pas quoi faire, et personne d'autre ne semblait avoir de réponse.

Je me sentais tellement gênée lorsqu'elle rencontrait mes amis et qu'elle débitait des inepties, ou qu'elle oubliait leur nom ou fixait étrangement un point dans l'espace. Mes amis l'aimaient parce qu'ils voyaient son beau côté. Je l'aimais aussi, mais elle était si imprévisible ! Je voulais juste avoir une mère sur laquelle je pouvais compter. C'était plutôt elle qui s'appuyait sur moi. Je ne savais même pas ce que c'était que de sentir le réconfort et les conseils d'une mère saine et équilibrée.

J'ai choisi de m'inscrire à une université située à près de cinq mille kilomètres, pour lui échapper ainsi qu'à mon père, un homme bon et affectueux, mais émotionnellement distant et absorbé par son travail. J'étouffais sur la côte Est avec ses prétentions intellectuelles, à vivre dans cette maison du New Jersey avec ses angoisses tacites. J'avais besoin de décamper au loin.

Je suis donc allée à l'université sur l'extravagante côte Ouest. Pendant cette période, j'ai rejeté ma famille pour me joindre à une autre, spirituelle et expérimentale. Mais je m'en voulais beaucoup, car j'adorais ma famille biologique. Je ne savais absolument pas où était ma place, ni qui j'étais. Cherchant le réconfort dans la méditation et auprès d'un maître spirituel, j'ai changé du tout au tout (c'est du moins ce que j'ai cru) en prenant un autre nom, en versant tout mon argent et mes biens à ma nouvelle famille expérimentale, et en abandonnant mes études. Je croyais que cela me permettrait de laisser derrière moi l'embarras d'avoir une mère atteinte d'une maladie mentale. Une partie de moi ressentait également un profond amour envers Dieu et voulait une communion spirituelle beaucoup plus profonde.

Mes parents n'avaient jamais été pleinement présents pour moi, malgré leurs tentatives. Maman semblait incapable d'être une adulte, et papa avait fort à faire parce qu'il prenait complètement soin d'elle. Comme il ne restait plus personne pour s'occuper de moi, j'ai trouvé une nouvelle tribu et une nouvelle vie. J'ai tenté d'abandonner mes inquiétudes au New Jersey pour me laisser guider par le Nouvel Âge californien.

À 23 ans, je suis tombée enceinte. Même si j'avais peur à l'idée de devenir mère, je voulais garder mon bébé. Je n'avais presque pas d'argent, je recevais un maigre soutien du père de l'enfant, et mon propre père a cessé de me parler lorsque je lui ai annoncé ma grossesse. Ma mère est cependant venue me voir et m'a offert une robe de maternité.

Sa visite s'est avérée difficile, car ses symptômes avaient progressé. Elle agissait d'une manière encore plus erratique, et je me sentais vulnérable devant ses humeurs imprévisibles. Malgré cela, son amour m'a vraiment touchée, et j'étais reconnaissante pour sa confiance en moi. Excitée par la venue du bébé, elle faisait de son mieux pour apporter un peu de lumière dans ma vie, en cette période sombre.

Environ un mois après sa visite, j'ai reçu un appel téléphonique.

D'une voix vacillante, ma sœur m'a appris que ma mère venait de se suicider dans le garage, étendue sous l'auto, en respirant les gaz d'échappement. Elle avait également pris des somnifères pour être certaine de traverser de l'autre côté. Alors que j'écoutais ma sœur, tout semblait ralentir et mon monde paraissait irréel, comme si j'entrais dans un rêve ou que j'avais soudainement été transportée sur une autre planète. Je me rappelle avoir regardé autour de moi dans la pièce, incapable de comprendre où j'habitais, qui j'étais et ce que je ressentais. En état de choc, j'ai raccroché et je me suis assise sur le divan. Il m'a fallu un long moment avant de pouvoir dire un mot.

Le lendemain, médusée, j'ai pris l'avion en direction de la maison. Nous nous sentions tous paralysés par le choc, à la dérive dans le naufrage de la mort délibérée de maman, à peine capable de fonctionner. À ses funérailles, j'ai prononcé quelques mots en évoquant sa beauté et son merveilleux esprit. Arrondie par la grossesse et terrassée par la peine, je portais la robe que maman m'avait offerte. Je me suis dit que cette robe ample en denim bleu représentait son dernier cadeau à mon intention, mais je me trompais.

## *J'entame mon cheminement vers le pardon*

Au décès de ma mère, en plus d'être enceinte, je n'avais ni conjoint ni argent. J'ai pu m'en sortir grâce à des amis et ma dévotion à l'Esprit. Mais à l'époque, ce dont j'avais cruellement besoin c'était d'être guidée par une mère bonne et saine d'esprit.

Je m'efforçais de continuer à vivre, mais le suicide de ma mère me signifiait qu'il ne valait pas la peine de créer, de vivre et de survivre. Je me suis demandé pourquoi elle n'avait pas plutôt choisi de m'aider au cours de ma maternité. De plus, je trouvais quasi impossible de gérer tous les sentiments qui montaient en moi, y compris le soulagement de ne plus être témoin du comportement imprévisible, de la peur et de la tristesse de ma mère.

Quelques semaines plus tard, j'accouchais d'une merveilleuse petite fille à qui j'ai prodigué tout mon amour. Je me suis concentrée sur la vie plutôt que sur la mort, et j'ai tenté de mettre de côté ma peine. Il m'a fallu huit ans pour ouvrir la boîte émotionnelle dans laquelle j'avais enfoui mon chagrin, ma confusion, ma colère et ma désillusion. À cette époque, j'ai participé à une retraite de méditation appelée Éveil intensif, inspirée de la pratique des moines zen. Au cours de cette retraite, je me suis permis de m'ouvrir et j'ai senti les tendres émotions que je craignais de ressentir auparavant. J'ai pleuré et médité, puis pleuré, hurlé, et médité de nouveau. Ma peine semblait infinie, mais j'ai fini par y voir plus clair, tout en étant plus stable et capable de ressentir un peu plus de joie. Dès ce jour, j'ai commencé à entrevoir la possibilité de ma propre guérison.

Dans votre parcours de vie, vous vous êtes peut-être déjà dit : « Si je plonge dans ces souvenirs et ces sentiments, je vais tomber dans un abîme sans fond, et je ne pourrai plus jamais en ressortir. Vaut mieux ne pas y aller. »

J'avais eu cette pensée, moi aussi. Je savais exactement ce que c'est que de se tenir au bord d'un abîme, fixant avec terreur ce vide qui paraît si sombre, effrayant et mystérieux. Il m'a fallu pas mal de courage pour me laisser aller… et pour me dire que, d'une façon ou d'une autre, j'allais survivre. J'avais besoin de tomber, et je me suis permis de plonger.

Huit autres années ont passé. Un jour, chez un ami, j'ai repéré sur sa table à café un livre, *Le Pouvoir du pardon radical,* de Colin Tipping. Attirée par ce titre original, je lui ai demandé si je pouvais l'emprunter. En lisant, j'ai découvert que le pardon radical était le chaînon manquant dans ma guérison et dans mon travail. Moins d'un mois plus tard, Colin Tipping est venu au Mont Shasta pour présenter un atelier, et je me suis hâtée de m'inscrire en tant que participante.

Pendant le séminaire, il m'est devenu clair qu'il me restait beaucoup plus de couches à enlever avant de pouvoir me libérer de mon passé. Au cours d'un volet de l'atelier, Colin a monté le volume de la musique et nous devions tous hurler ce que nous ressentions vraiment, mais je n'arrivais même pas à ouvrir la bouche. En fait, le reste du groupe a dû faire une pause à l'extérieur pendant que mon partenaire d'atelier, Colin et moi, assis ensemble, recommencions tout l'exercice jusqu'à ce que j'arrive à sortir un son audible. Je pratiquais déjà une thérapie par la respiration (*rebirthing*), mais je trouvais incroyablement difficile de verbaliser mes sentiments. Je voulais sincèrement pardonner, mais avant de découvrir le pardon radical, je n'avais aucun point de repère ni aucune façon d'atteindre la paix intérieure à laquelle j'aspirais tant. Au cours de cet atelier, j'ai commencé à m'ouvrir et à me connaître, et j'ai ressenti mes émotions dans un état d'honnêteté et de guérison.

### *Découvrir les souvenirs et les éléments du puzzle*

Avec le pardon radical, nous apprenons que tout ce qui nous arrive n'est pas fortuit, et que même les périodes les plus difficiles recèlent des trésors enfouis. Pour trouver les cadeaux que contenait ma situation, je devais sonder mes souvenirs. Il me fallait aussi examiner en profondeur les interprétations et les présuppositions que j'avais sur ma relation avec maman. Alors, seulement, je pourrais séparer la vérité de la fiction.

Au cours de ma psychothérapie, j'avais déjà déterré un souvenir. Quand j'avais deux ans, ma mère s'était déchaînée contre moi. Elle commençait déjà à montrer des signes de plus en plus sérieux d'une maladie mentale, et elle avait un bébé de deux ans et une fille plus âgée à élever. Elle était également en deuil de mon frère, Stevie, mort quelques années plus tôt. Alors, ce jour-là (et peut-être d'autres jours aussi), elle a vraiment perdu la tête. Lorsque j'ai retrouvé ce souvenir en particulier, à l'âge adulte, je la voyais, debout au-dessus de mon berceau, qui me menaçait en brandissant une chaussure. Même si je ne crois pas qu'elle m'ait vraiment frappée avec la chaussure, j'étais terrifiée.

Je me rappelais également ceci : un soir, alors que j'avais environ 16 ans, maman est entrée dans ma chambre. Elle pleurait et semblait encore plus malheureuse que d'habitude. Elle s'est excusée pour les attaques qu'elle m'avait fait subir des années auparavant. À l'époque, je ne croyais pas que cela m'avait affectée. Après tout, je ne me rappelais même pas ces incidents. Je lui avais dit de ne pas s'en faire pour ça et que c'était du passé.

Des années plus tard, cependant, après avoir appris le pouvoir du pardon, j'ai remarqué à quel point mes angoisses et mes insécurités étaient reliées à mon enfance. J'ai découvert qu'elles étaient intimement associées à l'apparition de mon « sentiment de victimisation », où je croyais que le monde me contrôlait souvent des profondeurs de mon subconscient. Mon sentiment de victime disait : « J'ai dû faire quelque chose d'affreux et, par conséquent, je dois être punie. Personne ne m'aime ni ne prendra soin de moi. » Cela peut ressembler au récit d'un coupable, et de fait, je me sentais coupable, honteuse et parano, comme si je pouvais à tout moment être pulvérisée par un Dieu ou une Mère dont l'intention était de me punir.

Comme la plupart des enfants à deux ans, je croyais que le monde tournait autour de moi. Je commençais tout juste à me séparer de ma mère et à former mon ego. Peut-être à cause de l'incident de la chaussure et d'autres semblables, je suis devenue émotionnellement figée dans le temps. En grandissant, je me suis faite toute petite et faible en m'inclinant devant la force de mon sentiment de victime. J'ai d'abord compensé en étant une « bonne fille », puis je me suis aiguillée sur une autre voie en devenant le mouton noir de la famille. Pendant ce temps, je tentais de trouver une identité personnelle qui me convenait.

J'avais beaucoup de difficulté à prendre les bonnes décisions, car j'étais hantée par une panique inconsciente : j'avais fait quelque chose de mal et j'allais être punie par une déité monstrueuse et haineuse qui voulait me détruire. Elle hurlait que j'étais une misérable pécheresse. Je devais lui échapper à tout prix.

Une pièce plus récente du puzzle de ma vie est apparue alors que j'étais dans la mi-trentaine. J'avais épousé un homme merveilleux et m'étais installée dans une vie de famille. À cette époque, j'ai remarqué que vers 10 heures du matin, une fois mon mari parti pour le travail et ma fille pour l'école, je commençais à me sentir anxieuse. Au bout d'un moment, j'ai commencé à m'interroger : « Qu'est-ce que j'ai ? Pourquoi est-ce que je suis si tendue ? Pourquoi maintenant plutôt qu'il y a une heure ? »

Examinant mes sentiments, j'ai vu que lorsque je passais quelques heures seule, je me sentais tendue parce que je n'avais pas les distractions matinales associées au fait de m'occuper des autres. Troublée par un vague et inconfortable sentiment de devoir faire et être toujours plus, je ne me sentais pas à la hauteur. Je m'efforçais d'être meilleure, d'en faire davantage, et d'accomplir quelque chose de valable.

Une voix me harcelait constamment : « J'ai dû commettre quelque chose d'affreux. » Elle disait aussi :

« J'aurais dû sauver maman d'elle-même, mais je ne l'ai pas fait. J'ai échoué. »

En revoyant ma naissance, je me suis aperçue que ce schéma s'était établi dès le départ. Depuis ma conception, juste deux mois après le décès de mon frère, je présupposais inconsciemment que j'allais atténuer la douleur de mes parents en leur apportant une nouvelle vie. Mais je ne pouvais pas. Je pataugeais dans une mission que je n'étais pas sûre de vraiment vouloir et contre laquelle je me suis plus tard rebellée, et j'ai fini par déménager à l'autre bout du pays dans le but d'y échapper. Devant le suicide de ma mère, l'échec était inévitable. Je n'avais pas pu sauver maman, je ne pouvais pas sauver le monde et, à moins de pardonner radicalement, je ne pouvais me sauver moi-même.

Mon sentiment de victimisation me faisait ressentir une anxiété et une culpabilité immenses et à peu près constantes. Grâce à un mur de déni qui me servait de tampon, je m'en apercevais à peine. Toutefois, ces émotions se cachaient malicieusement sous la surface de ma conscience éveillée.

Lorsque j'ai découvert le pardon radical et commencé à étudier *Un cours en miracles*, mon histoire a émergé encore davantage des profonds replis de mon inconscient. J'ai commencé à voir ce que la maladie de maman symbolisait dans la dichotomie de mon esprit : la vie pouvait être merveilleuse (une mère bienveillante), puis s'effondrer tout d'un coup (une mère déprimée, possédée). J'avais compris que je ne pouvais pas entièrement m'appuyer sur les bons moments car, forcément, ils seraient suivis des mauvais moments. Je me sentais coincée et impuissante parce que mon sentiment de victime me répétait sans cesse que j'avais échoué. Inconsciemment, j'avais le sentiment d'avoir fait quelque chose d'affreusement mal, et qu'aucune mère ni aucun Créateur ne pourrait jamais prendre soin de moi. La terre sous mes pieds ne pouvait me soutenir, et je ne serais jamais assez bien pour mériter l'amour de Dieu.

Graduellement, alors que j'émergeais lentement de mon habitude de déni, mes schémas comportementaux me sont clairement apparus. J'ai vu comment, avec le temps, j'avais appris à anticiper le désastre, faisant de moi une anxieuse chronique. J'ai épousé un homme qui ne se plaignait pas – du moins pas à haute voix – et cela faisait monter le niveau de décibels de mon anxiété silencieuse au niveau d'un sourd rugissement dans ma tête. Prise dans un invisible filet de terreur, rien ne me semblait tout à fait normal. Même lorsque la vie se déroulait aisément, j'étais inquiète à l'idée que le malheur allait bientôt s'abattre.

### *La guérison, le soulagement et l'inspiration divine*

Pour guérir mon expérience auprès de ma mère, j'avais besoin de m'en remettre à la philosophie du pardon. J'avais besoin de ralentir et d'assumer tous les aspects de moi-même, y compris ma réaction par rapport à l'abandon et à la folie. Je devais me dégager de l'insistance que mon ego accordait à la dualité, et la remplacer par la vérité à propos de moi-même : je suis digne d'être aimée, et je suis amour. Pour ce faire, j'avais également besoin de me donner un parent aimant. Je devais me considérer comme une enfant aimable et aimée de Dieu.

En accueillant toute mon expérience de vie – au lieu d'en désirer une partie en fuyant le reste –, j'ai commencé à voir que ma mère m'avait donné de l'amour, un lieu où grandir physiquement, de l'éducation, un talent artistique, des leçons de danse, et bien davantage. Elle m'a également offert de nombreuses façons de lever le voile sur mon besoin maladif d'écouter mon ego lorsqu'il me harcelait avec sa victimisation. Elle m'a offert plusieurs occasions de combattre mes propres sentiments de peur et de désespoir. En tant qu'âmes éternelles, nous nous sommes mutuellement aidées durant cette vie... même si cela semblait plutôt être le contraire dans le monde physique.

Par exemple, je vois maintenant comment ma mère, en tant que point focal de mon désespoir, de ma colère et de mes reproches, m'a montré à quel point je refusais d'assumer ma vie émotionnelle. Pendant des années, j'avais gardé inconsciente la plus grande part de ce refus sous d'épaisses couches de déni. Je n'étais pas la seule ; ce scénario décrit une stratégie fréquente qu'utilise l'ego pour s'imposer chez la plupart des gens. Les endroits dans mon esprit où j'accusais les autres et moi-même étaient précisément ceux où je n'avais pas encore pardonné. Je pouvais jeter le blâme sur ma mère de m'avoir attaquée quand j'avais deux ans, ou d'avoir eu une maladie mentale et semblé m'abandonner. Je pouvais, et je l'ai fait. C'est facile. Toutefois, ma mère ne m'obligeait pas à ressasser continuellement mon sentiment de victime ; elle était décédée plus de 20 ans auparavant. Comme je ne pouvais plus accuser personne, je me retrouvais seule avec moi-même, les voix de mon ego, et mon désir de changer.

À ce moment, j'ai clairement saisi certaines leçons que mon âme est venue apprendre sur Terre. Je savais déjà que l'expérience de vivre avec une mère atteinte de manie dépressive avait affecté toute mon enfance. Je ne pouvais compter sur sa présence attentive, et j'ai commencé (ou plus précisément, j'ai poursuivi) un récit intérieur selon lequel les gens que j'aime vont m'abandonner. Plus tard, beaucoup d'autres gens que j'aimais m'ont abandonnée ou sont morts. Cela semblait vrai : j'étais abandonnée par ceux auxquels j'étais le plus attachée.

J'ai commencé à entrevoir comment mon esprit avait projeté sur le monde ses pensées basées sur la peur. Je me sentais si inquiète d'être abandonnée, mais je voyais qu'au niveau de mon âme, j'avais peut-être attiré l'abandon pour pouvoir en tirer des leçons et guérir ma perception erronée.

À la leçon 350 d'*Un cours en miracles*, je lis ceci : « Ce qu'il est, n'est pas affecté par ses pensées. Mais ce sur quoi il porte son regard est leur résultat direct. » On me rappelait avec douceur que mon être était sacré, éternel et entier, même si mon malentendu à propos de ma réalité était cause de souffrance dans ma vie.

J'ai regardé sous ma fidèle couverture de déni, et exploré les lieux précis où je m'étais abandonnée et abandonné les autres. *Je me suis demandé où et quand j'avais perdu la tête, même si c'était subtil, discret ou invisible pour les autres.*

J'ai voulu voir comment j'avais délaissé ma véritable nature et ma relation avec Dieu.

Ce processus m'a donné une leçon d'humilité et enseigné la compassion. Lorsque j'ai vu à quel point j'avais incarné les mêmes énergies de peur que ma mère au cours de sa maladie mentale, je ne pouvais plus me distancier d'elle de la même façon. Oui, elle avait agi dramatiquement en s'enlevant la vie, mais j'ai fini par comprendre que cet effet dramatique était sans importance.

En tant qu'âmes, soit nous nourrissons nos erreurs, soit nous en tirons des leçons et des guérisons. Le fait d'en venir à une telle humilité m'a aussi enseigné autre chose : le pardon, c'est magique ! J'ai appris que l'humilité est une bonne chose ; elle désarme l'ego, et de là, on découvre un nouveau potentiel d'équilibre et de santé.

### *Le retour au bercail*

Pour moi, le pardon se produit lorsque je m'aperçois que j'ai abandonné l'amour et la vérité et que *je veux juste rentrer au bercail.* Ma conviction profonde est que nous sommes tous égaux devant Dieu. Je commence par la prière et l'honnêteté. Des émotions profondes suivent et circulent, dégageant toutes mes fausses perceptions sur moi-même et sur le monde.

Peu importe ce qui est arrivé, peu importe qui était en cause, et dans quelles circonstances j'ai perdu la tête – j'expire, je pardonne et je lâche prise, tout comme vous l'apprendrez en suivant les étapes de ce livre. Si quelqu'un a semblé m'abandonner, je pardonne et je lâche prise. Si j'ai paru abandonner quelqu'un, je me pardonne et je lâche prise. Quand je vois des situations et des endroits où le monde me paraît dément, je dis : oui, je sais. Je pardonne et je lâche prise. Je rentre au bercail, je reviens à Dieu. Le pardon est le pont qui nous mène directement à l'Esprit. Son remède pour le cœur ravive tout.

Le pardon m'a montré une façon de guérir la douleur et l'angoisse que je ressentais à propos de la maladie et de la mort de ma mère. J'avais besoin de m'appuyer sur la force tranquille, les conseils judicieux et la présence affectueuse d'une personne. Humblement, j'ai crié à l'aide et, en traversant le pont, j'ai offert toute cette peur et cette colère au cœur miséricordieux de la Déesse. J'ai déposé ma douleur et ma tristesse dans son giron d'amour. Ce n'est pas arrivé d'un seul coup ; ce processus a exigé beaucoup d'introspection, des seaux de larmes, énormément de prières spontanées, et un délestage graduel, une couche à la fois, de ma peine et de mes souvenirs. J'ai fait appel à la patience et à la force de ma volonté, pour les combiner au tendre baume de sa bénédiction.

Je laisse la Mère divine me guider vers la paix. Elle semble invisible, mais j'ai découvert qu'elle est digne de confiance.

À travers le pardon, j'ai appris à trouver les cadeaux de la vie et à accueillir ma mère telle qu'elle était, telle qu'elle est : un être de lumière, éternel et divin… tout comme moi.

De mon nouveau point de vue, je considère que la vie et la mort de ma mère étaient exactement ce qu'il lui fallait pour son éveil. Elle m'a guidée vers le Divin, surtout vers la bienveillance éternelle de la Mère divine. Avec un immense soulagement, j'ai découvert que l'Esprit ne m'abandonnerait jamais, même si ma mère terrestre devait décéder. Je pouvais enfin être en paix avec tous les événements qui étaient survenus, et mieux encore, voir comment ils me servaient tels que mon âme le voulait pour ma libération.

Chaque jour, j'en apprends davantage sur mon lien avec ma Source. *Un cours en miracles* nous dit que par nature, la réalité est pure et aimante. En libérant notre peine et notre colère grâce au pardon, nous dévoilons l'essence du moi qui reste là, patiemment, en attente. L'Esprit nous garde la vérité en réserve jusqu'à ce que nous soyons prêts à la revendiquer.

Comme il est ironique qu'au cours de mon enfance, j'ai reçu des messages aussi contradictoires sur la vie. Mon sentiment de victime m'avait convaincue que j'avais fait quelque chose d'affreux et que j'étais abandonnée par ceux que j'aimais, et cette folie était si terrifiante que je devais m'enfuir. À l'autel de l'amour divin, j'ai compris que rien de cela n'était vrai. Et ne l'avait jamais été. En fait, en tant qu'être éternel, je n'avais rien fait de mal. Je n'avais pas été abandonnée et je n'étais pas folle. À présent, une vérité supérieure se manifestait pour que je l'incarne : JE SUIS complètement et éternellement innocente, saine, en contact et libre.

Lorsque je crois cela, je suis absolument en paix. Si je m'égare un moment, la peur et l'illusion s'emparent immédiatement de moi. C'est vrai pour vous aussi, et pour tous les habitants de la Terre. Lorsque nous trouvons la vérité, nous découvrons que c'est le contraire de ce que nous avions cru.

Ma vie avec ma mère m'a enseigné la souffrance qu'endurent les humains. Elle m'a également montré que la souffrance prend bien des formes. Sa souffrance a revêtu celle d'une maladie mentale ; grandir auprès d'elle a formé la mienne. Les autres membres de ma famille ont sculpté leurs propres versions, tout comme chacun des membres de notre grande famille humaine. À la fin, si nous voulons trouver la compassion et la paix, non seulement « ma » souffrance, « la vôtre » et « celle de ma mère » ont besoin de guérir, mais notre douleur et notre peur collectives doivent être libérées.

Cette compassion m'offre une profonde sérénité et une guidance intuitive. Je sais que Dieu n'a pas de sexe, mais il m'est parfois utile d'imaginer mon Créateur sous la forme d'une mère ou d'un père gracieux et aimant. Dans ma fragilité humaine, tendre les bras vers des Parents divins me garde sur la bonne voie. Cela me fournit un sentiment intérieur de sécurité et de présence affectueuse que j'ai rarement connu, enfant.

Je suis reconnaissante et humble face au pouvoir sacré et à la perfection de ma vie, peu importe ce qui s'est passé, et quoi qu'il arrive.

### *Trouver la paix*

Un jour, j'ai trouvé une belle boîte sur une étagère, tout en haut au fond de mon placard. J'y avais placé de vieux trésors auxquels je tenais beaucoup, même si j'en avais oublié quelques-uns. À ma grande surprise, j'ai trouvé dans cette boîte un message de ma mère, sous la forme d'une prière en hébreu qu'elle avait transcrite à la main, pour moi, peu avant sa mort.

D'une écriture soignée, en hébreu et en anglais, elle disait ceci :

> « Que le Seigneur te bénisse et te protège ;
> Que le Seigneur fasse luire sa face sur toi,
> Et t'accorde sa grâce ;
> Que l'Éternel tourne sa face vers toi
> Et qu'il te donne la paix. »
>
> – Nombres 6,24-26

« Merci, maman, ai-je pensé en regardant la page. Que Dieu te garde, et que la paix soit avec toi. »

### Vous et votre processus : commencez par les listes de pardon

Tout comme j'ai commencé mon parcours du pardon en explorant la douleur de mon histoire avec ma mère, vous devrez, vous aussi, inventorier vos récits de victime et d'offenseur. Lorsque nous avons des attachements émotionnels à la douleur, les récits nous paraissent très réels. Je respecte cela, mais ce n'est pas tout. À la fin, tous ces récits recèlent de l'information valable, et c'est ainsi que nous allons les traiter dans ce livre.

Un grand nombre d'exemples historiques qui marquent le plus fortement notre esprit sont ceux qui comportent de grandes leçons. Ils contiennent les thèmes de notre âme, qui ont besoin d'un moment dramatique (ou d'une série de moments) pour attirer notre attention.

Demandez-vous : à qui ou à quoi n'ai-je pas encore pardonné ? Si vous saviez que vous alliez mourir dans une heure, quelles situations de votre vie s'avéreraient de toute évidence non résolues ? Ou *subtilement* non résolues ? Incluez tout ce à quoi vous pouvez penser avec lequel vous ne vous sentez pas en paix.

## On me doit des excuses

D'abord, dressez une liste de chaque personne, groupe, agence, organisation ou compagnie dont vous aimeriez vraiment recevoir des excuses. Remarquez à quels moments votre esprit commence à vouloir censurer la liste en essayant de vous convaincre : « Oh, j'ai déjà travaillé là-dessus », ou « Ce n'était pas si grave ». Vérifiez seulement en vous-même et soyez honnête : voulez-vous qu'on vous fasse amende honorable ou non ? Si votre réponse est oui, même un petit peu, écrivez le nom de la personne physique ou morale. Cherchez les rivalités, jalousies, trahisons et sentiments d'abandon, qu'ils soient évidents ou pas. Regardez sous le tapis – oui, enquêtez !

Il peut être utile de commencer par aujourd'hui, puis de reculer dans le temps. Revoyez votre vie adulte, votre adolescence, votre enfance, passez en revue vos souvenirs et les sentiments qui les accompagnent pour peut-être les ajouter à la liste. Vous pouvez trouver un béguin d'adolescence ; un mariage raté ; des affaires non résolues ; de l'intimidation à l'école ; des conflits avec des frères et sœurs, des enseignants, des amis et, bien sûr, vos parents. Certaines personnes vous viendront instantanément à l'esprit : ce sont les responsables d'une culpabilité « aveuglante » qui vous habitent encore avec leurs histoires. Lorsque vous aurez écrit la première série de noms, attendez un moment pour qu'il en vienne d'autres. Les rancœurs plus subtiles que vous entretenez commenceront à apparaître. Examinez si vous n'avez pas aussi une colère sourde envers Dieu ou l'univers : vous trouverez probablement celle-là aussi.

Quant à ce qu'il faut inclure dans la liste, plus y en a, mieux c'est ! Plus vous aurez de gens, de situations et de rancœurs sur votre liste, plus vous ajouterez de panneaux indicateurs et de balises sur votre carte personnelle du pardon.

## Je leur dois des excuses

Lorsque vous aurez terminé votre première liste, dressez-en une autre avec tous les gens, les établissements, les groupes et ainsi de suite à qui *vous* croyez devoir des excuses. Encore une fois, si vous êtes sur le point d'aller *ad patres* dans une heure (et comme on ne sait jamais, faites ce travail maintenant), avec qui sentez-vous le besoin de réparer les pots cassés ? Repensez à toutes les situations de votre vie que vous pouvez vous rappeler.

Certaines personnes ont une longue liste ; d'autres, non. Cela importe peu : vous pouvez toujours augmenter votre liste à mesure que vous creusez les couches de votre subconscient, où toute cette douloureuse matière est emmagasinée. Lorsque j'ai dressé mes listes de pardon, j'avais une foule de gens. J'ai inclus mes parents, mes ex-amoureux, les deux pères de mes enfants, une fille qui m'a harcelée en sixième année (oh oui, *celle-là* figurait vraiment dans ma liste !), le premier garçon qui m'a embrassée, et quelques autres. Tous ceux que j'avais jugés et à qui j'avais donné tort à n'importe quelle époque pouvaient figurer sur l'une ou l'autre liste – la première parce que j'avais considéré qu'ils m'avaient fait du tort, la deuxième parce que je les avais jugés et rabaissés, au mépris de leur véritable nature et de la mienne. Vous pouvez également vous inclure dans l'une ou l'autre liste ou dans les deux, puisqu'on se pardonne exactement comme on pardonne à un autre.

Les lecteurs qui connaissent bien les programmes en 12 étapes, comme les Alcooliques anonymes, les Narcotiques anonymes, et Al-Anon, reconnaîtront que les listes de pardon ressemblent à la quatrième étape : « Nous avons procédé à un inventaire moral minutieux de nous-mêmes. » Pour beaucoup de gens, cette étape est la partie la plus difficile de tout le processus en 12 étapes, car elle implique tellement d'humilité, de sincérité, d'ouverture et de bonne volonté. Mais ici, nos listes sont différentes, car dans notre travail de pardon, nous ne cherchons pas nos propres « défauts de caractère » comme nous le ferions dans un travail en 12 étapes. Cependant, les deux sortes de listes nous incitent à effectuer un processus efficace qui consiste à enlever nos couches de déni.

Si vous adoptez et utilisez sincèrement ces listes de pardon, vous remarquerez bientôt l'effet guérissant et nourrissant qu'elles ont sur votre vie spirituelle. Car l'honnêteté nécessaire pour dresser vos listes, et le désir sincère de guérir la douleur associée à chaque inscription, vous prépare à faire l'expérience de l'amour guérisseur de l'Unique.

Pour vous aider à dresser vos listes de pardon, vous pouvez consulter mon site Web (www.anaholub.com) où vous trouverez des exemples gratuits de listes de pardon que vous pouvez remplir et sur lesquels vous pouvez méditer. Ou vous pouvez tout simplement écrire vos listes sur du papier, ce qui est plus efficace, car cela vous aide à entrer en contact avec vos émotions.

### D'autres réflexions sur les excuses

Même si vous venez de vous livrer à l'exercice de dresser vos listes de pardon en vous demandant « Qui me doit des excuses ? » et « À qui dois-je des excuses ? », je veux faire une pause ici pour explorer cela davantage. Puisque les excuses et le pardon sont tellement associés dans notre esprit, il est utile de les examiner en même temps et de voir comment ils s'insèrent (ou non) dans le courant de votre processus de pardon.

Il y a quelques années, j'ai eu la chance de voyager en Afrique du Sud. Je voulais savoir comment se déroulait le processus de vérité et de réconciliation, une douzaine d'années après la fin de l'apartheid. Au Cap, à Johannesburg, et le long de la côte méridionale, j'ai interrogé beaucoup de gens de diverses origines. J'ai rencontré des Xhosas, des Zoulous, des Anglo-sud-africains, des Afrikaners, des musulmans de descendance malaisienne, des Juifs sud-africains et des Sud-Africains de descendance mixte. Leurs réponses à mes questions étaient parfois étonnantes et toujours fascinantes.

L'une de ces personnes avait été active pendant des décennies dans la lutte pour l'égalité et la liberté, travaillant sans relâche pour l'Afrique du Sud dans l'équipe de Nelson Mandela. C'était un homme intelligent et profondément engagé, et il m'a assuré qu'il serait prêt à pardonner lorsqu'il aurait reçu des excuses de ses anciens persécuteurs. Il attendait, convaincu qu'avant de pouvoir pardonner, ses persécuteurs devaient d'abord lui faire amende honorable. Dans son cœur et son esprit, il n'était pas ouvert à la possibilité d'entamer un processus de pardon avant cette condition.

Même lorsque j'ai insisté au cours de l'entrevue, cet homme est resté sur sa position. Il m'a dit qu'il était prêt à pardonner à tout moment, mais qu'il attendait encore le jour où des excuses viendraient. Quelque chose lui disait d'arrêter son processus intérieur à ce stade, de refuser d'aller plus loin jusqu'à ce que « l'autre partie » pose un geste de réconciliation.

Attendre des excuses peut être une stratégie de guérison problématique. Voici quelques-unes des embûches. Vous en trouverez peut-être d'autres.

1. **Nous cédons notre pouvoir.** Si nous attendons des excuses, nous pouvons attendre longtemps. En effet, nous ne recevrons peut-être *jamais* d'excuses de la personne qui nous a « lésés », et entretemps, nous nous plaçons dans la position vulnérable d'attendre que l'autre agisse. C'est un exemple précis de cession de notre pouvoir.

2. **Les excuses ne sont pas suffisantes.** Même si nous finissons par obtenir ces excuses, nous ne les apprécierons peut-être jamais. Vous avez probablement vécu cela à un certain moment de votre vie. La personne s'est excusée, mais vous avez jugé que ce n'était « pas suffisant », pour des raisons qui

vous sont peut-être inconscientes. Peut-être que ces excuses vous ont paru faibles, incomplètes ou pas assez sincères, comme c'est souvent le cas.

3. **Les excuses paraissent impossibles.** Peut-être que la personne est déjà morte ou dans l'impossibilité de communiquer, et il paraît impossible de recevoir des excuses de sa part.

4. **Il y a une impasse.** L'autre personne ne croit peut-être pas que vous voulez lui présenter des excuses et, de fait, attend que *vous* vous excusiez ! Une telle impasse peut ne jamais se résoudre.

Les excuses sont importantes dans le monde de l'humanité, où nous vivons ensemble comme si nous étions séparés. La séparation est une illusion, mais une puissante illusion, et elle survit parce que « l'esprit du monde » collectif y croit. À mesure qu'un nombre de plus en plus grand d'entre nous s'appuie en toute confiance sur les fondements de l'Esprit, l'illusion perd de son pouvoir. Pourtant, faire amende honorable peut être extrêmement utile pour paver la voie à la réconciliation et à la guérison sur le plan du monde-de-l'humanité. Je respecte le pouvoir des excuses, tout en prenant bien soin de les mettre à la place qui leur revient en tant qu'outil de réconciliation entre les ego, et non entre les âmes.

## S'excuser auprès de Dieu

J'ai décrit les excuses comme un outil destiné à mettre à nu l'égoïsme et à promouvoir la réconciliation dans le monde. Mais que dire de notre besoin de nous excuser auprès de notre Créateur pour toutes les erreurs que nous avons commises au cours de notre vie ?

Il y a une subtile nuance entre le fait de s'excuser auprès de Dieu par culpabilité (et ainsi renforcer la culpabilité dans notre esprit) et celui de faire appel à l'Esprit en toute humilité, prêt à se libérer. Il est essentiel de reconnaître que nous nous sommes égarés, que nous avons raté la cible et commis des erreurs de jugement – mais qu'en est-il de notre fréquence émotionnelle et énergétique juste *après* cet aveu ? Est-ce que nous nous en voulons d'être de malheureux pécheurs ? Ou avons-nous de la compassion envers nous-mêmes et nous traitons-nous comme nous traiterions un proche ou un enfant égaré ? À nous de choisir.

Dans l'instant qui suit directement un bilan honnête, nous décidons si nous allons recouvrir notre situation de culpabilité et de honte, ou de compassion et d'humilité. La culture occidentale et industrialisée (et d'autres cultures aussi) s'efforce de nous garder dépendants d'une identité personnelle opprimée, pour ainsi saper notre force vitale et nous maintenir dociles et ignorants. Cette identité personnelle nous dit : « Tu vois comme j'ai gaffé ? Je suis lamentable ! Le monde est fondamentalement mauvais, et on ne peut se fier aux gens. Il faut que je cache ma lumière sous le boisseau. » Si nous nous présentons devant le Grand Mystère avec une telle identité, nous ne ferons que recycler notre douleur au lieu de nous en libérer. Cela nous tient asservis individuellement et collectivement, et perpétue le statu quo sur Terre. C'est mauvais pour notre santé, et nous pouvons le changer.

Ce changement vient d'un choix différent. Pour choisir le pardon radical, nous devons changer l'itinéraire des réseaux neuronaux de notre cerveau, et fusionner avec la sagesse de notre cœur. En reconnaissant à la fois notre erreur et notre désir de paix, nous arriverons peut-être chagrinés jusqu'à l'Esprit, mais remplis d'espoir. Si nous croyons profondément au processus du pardon, nous entrerons alors dans le courant de l'amour divin. Sinon, nous considérerons que nos prières ont échoué (et nous aussi), et le cycle du chagrin se répétera de nouveau.

## Le Ho'oponopono

La philosophie mystique hawaïenne du Ho'oponopono nous enseigne le bon usage des excuses dans un contexte spirituel. Fondé sur la sagesse traditionnelle hawaïenne, il utilise quatre phrases destinées à purifier et à guérir notre esprit collectif sur une base constante. L'adepte pratique le Ho'oponopono au nom de lui-même et de toute la création, en voyant et en comprenant l'interrelation de toute vie. Voici les affirmations dans toute leur merveilleuse simplicité :

- Je suis désolé ;
- S'il te plaît, pardonne-moi ;
- Je t'aime ;
- Merci.

En prenant l'entière responsabilité de tout ce qui se passe — dans la vie du praticien *et* dans le monde en général —, l'adepte s'excuse, demande pardon à ceux qu'il aime, et remercie non seulement une autre personne, mais aussi l'ensemble de tout ce qui existe.

Comme le dit le Dr Ihaleakala Hew Len, l'un des principaux enseignants du Ho'oponopono :

> Le Ho'oponopono aide à retrouver l'équilibre, d'abord chez l'individu, puis dans toute la création… Tous les problèmes commencent sous la forme d'une pensée. Mais le fait d'avoir une pensée n'est pas un problème… le problème, c'est que toutes nos pensées sont imprégnées de douloureux souvenirs reliés à des personnes, des endroits ou des choses…
>
> Lorsque vous faites le Ho'oponopono, la Divinité prend votre douleur et la neutralise ou la purifie. On ne purifie pas la personne, le lieu ni la chose. On neutralise l'énergie associée à cette personne, ce lieu ou cette chose…
>
> Il se produit alors quelque chose de merveilleux. Cette énergie est non seulement neutralisée, mais libérée, ce qui efface l'ardoise. L'étape finale, c'est que vous laissez la Divinité vous pénétrer afin de remplir le vide de lumière[12]…

Il y a quelque chose de très puissant dans le fait d'entrer dans un espace sacré avec l'intention de guérir. Pendant

12. Vitale, Joe, et Ihaleakala Hew Len. *Zero Limits: The Secret Hawaiian System for Wealth, Health, Peace, and More*, Hoboken, John Wiley and Sons, 2007.

cette guérison, nous pouvons approcher notre Créateur avec des excuses et des remords, qui proviennent d'images de nous-mêmes en tant que coupable, victime, ou les deux. Si cela se produit lors de votre cheminement, rappelez-vous que vous voulez *conserver* la bonne volonté que vous ressentez et *libérer* toute culpabilité ou honte qui survient. Si vous vous assumez entièrement, ainsi que votre lien intime à la réalité de ce monde, vous inviterez alors en vous une purification, un calme et un éclairage profonds. C'est la seule guérison qui soit.

Les lecteurs qui ont travaillé avec les 12 étapes remarqueront des parallèles évidents. On trouve des enseignements similaires dans *Un cours en miracles*, le pardon radical et le Ho'oponopono. Chaque pratique utilise un langage différent, mais l'éternelle vérité d'offrir nos fardeaux à la lumière curative de l'Esprit demeure intacte et s'étend à elles toutes.

En conclusion, nous nous rappelons que le pardon ne dépend pas du fait de recevoir ou d'offrir des excuses à une autre personne. Les excuses assainissent les interactions humaines et fournissent un ciment à la réconciliation dans le monde de l'humanité. Comme vous vous êtes déjà livré à une exploration en dressant vos listes de pardon, les excuses constituent également un merveilleux outil afin de découvrir les endroits où le pardon ne s'est pas encore manifesté. Ces lieux intérieurs sont immédiatement devenus évidents lorsque vous avez posé la question suivante : « Qui me doit des excuses ? » Pour y répondre, votre esprit égoïste est passé à l'action avec toute la peur, la colère, l'indignation, la souffrance et les sentiments de trahison que vous aviez en vous, consciemment ou non. À présent, sauf pour utiliser notre désir de nous en servir pour le pardon, nous pouvons pour l'instant mettre de côté l'idée des excuses.

### Raconter votre histoire

Votre esprit entretient une image ou une représentation dramatique – et peut-être plusieurs – de chaque personne figurant sur vos listes de pardon. Avec chacun de ces personnages ou groupes, au cours de votre vie, des événements sont survenus durant lesquels vous avez perçu un crime. Dans le monde de l'humanité, ce peut être un crime violent, ou juste une chiquenaude à l'ego. D'une façon ou d'une autre, pour vous, il s'est produit quelque chose de mal, et c'est ainsi que vos listes se sont formées dans votre tête.

Des émotions correspondantes sont reliées à chaque souvenir que vous gardez. Dans ce processus de pardon, vous allez plonger dans ces souvenirs et les émotions que vous en conservez. Le but n'est pas de vous complaire dans ces émotions, mais de vous renseigner sur le contenu de votre psyché. Examinez ce que vous avez conçu, et acceptez la responsabilité des sentiments qui l'accompagnent.

### Choisir un élément de votre liste

Pour l'instant, choisissez un élément de votre première liste de pardon. Nous allons suivre des étapes précises concernant cette partie de votre passé (et de votre présent) qui n'a pas été pardonnée. Lorsque ce sera fini, vous pourrez retourner à chaque personne, groupe, organisation, idée, et ainsi de suite, de chaque liste, au moyen des mêmes étapes. En faisant cela, vous dégagerez systématiquement de ces tensions vos « plans intérieurs » ou votre univers psychologique et spirituel. En traçant la carte de votre conscience (vos listes de pardon), grâce au pouvoir guérisseur de l'Unique, vous allez doucement vous fortifier de l'intérieur, de la façon la plus magnifique et sacrée qui soit.

Rappelez-vous : les détails de votre histoire n'ont d'importance qu'en tant que canaux de vos émotions. En racontant votre histoire, vous souhaitez accéder de votre mieux à des émotions à la fois évidentes et cachées. Lorsque vous éprouvez une forte émotion, c'est que vous avez touché un point sensible. À ce stade, il serait superflu d'ajouter des détails, et aussi ne pas laisser votre esprit embellir ou intensifier le drame.

> ***Rappel :*** *Peu importe les détails de votre histoire, si convaincants soient-ils pour votre esprit, et quelle que soit l'ampleur du blâme que vous pourriez attribuer à vous-même ou autrui, assumez pleinement ce que vous ressentez. Cet état émotionnel, c'est ce que vous ramenez du passé. Prenez un moment pour vous rappeler que cette action appartient au passé et qu'elle a disparu, qu'elle se soit produite il y a une journée, une heure ou une minute.*

## La SOB

À ce stade, vous vous demandez peut-être ceci : « Comment pourrai-je jamais arriver aux couches de douleur les plus profondes ? Je fige toujours, ou j'ai toujours envie de prendre la fuite avant d'y arriver. » Pour répondre à cette question, j'utilise trois lettres : SOB, pour Sincérité, Ouverture, et Bonne volonté.

Il nous faut de la sincérité – une sincérité directe et sans compromis – pour nous révéler à nous-mêmes les croyances que nous transportons du passé. Il nous faut aussi beaucoup d'honnêteté pour distinguer ce qui est vrai de ce que nous *croyons* être vrai, mais qui est en fait faux (j'y reviendrai). Nous devons faire preuve d'une grande sincérité pour dénicher dans notre esprit les endroits qui ont été dissimulés par le déni jusqu'à présent ; autrement, la guérison ne sera pas possible.

À cette sincérité, nous ajoutons l'ouverture et la bonne volonté : l'expérience qui consiste à révéler à l'Esprit nos pensées les plus sombres, confiants de ne pas subir d'attaque ni de mourir durant le processus. Nous plaçons notre confiance en l'amour divin en tant qu'ultime sauveur de notre petit ego tourmenté – sans avoir nécessairement recours à un dogme religieux, mais vous pouvez y faire appel si cela vous aide – avec sincérité et un profond désir de paix intérieure. Nous comptons sur le Dieu ou la Déesse un peu comme un membre d'un groupe en 12 étapes s'appuie sur sa Puissance supérieure. *Nous admettons que dans l'humanité, il n'y a pas d'autre endroit où l'on puisse guérir, et c'est par la SOB que nous commençons notre parcours dans l'univers de la vérité divine.*

Avec la SOB, nous tendons vers :

- La **S**incérité avec Dieu ;
- L'**O**uverture à Dieu ;

- La **B**onne volonté de vivre directement l'expérience de la grâce de Dieu.

> « C'est quand la prière est devenue impossible
> et que votre cœur s'est changé en pierre
> que vous apprenez la prière et l'amour. »
> – Thomas Merton

## Un exemple de SOB

Pour illustrer la SOB, je vais vous raconter une histoire vécue. Je voyageais avec mon fils Aron, qui avait 11 ans à l'époque. Nous étions à l'aéroport de Denver, au Colorado, et entre deux vols, nous mangions de la pizza et tout semblait bien aller. Mais en arrivant à la porte d'embarquement, nous avons découvert, à ma grande déception, que nous venions de manquer notre vol de liaison ! En un éclair, j'ai compris que j'avais oublié d'avancer ma montre d'une heure pour l'ajuster au fuseau horaire de Denver. Je me suis sentie rougir en me tournant vers mon jeune fils pour m'excuser. Mon Dieu, me suis-je dit, quelle idiote je suis !

Dans mon esprit, notre situation était particulièrement épouvantable, car il était 20 heures et ce soir-là, il n'y avait plus de vols de Denver à New York. Je savais que c'était une belle occasion de me pardonner, de m'excuser auprès d'Aron, et d'accepter avec bonne volonté la situation telle qu'elle se déroulait. Ouille ! Je me sentais tout de même complètement idiote. Aron était très calme et compréhensif. Il me témoignait la compassion dont je lui avais donné tant de fois l'exemple. Ça, au moins, c'était un bon côté. Avec un grand soupir, nous nous sommes rendus dans la file du service à la clientèle, derrière une quarantaine de personnes.

Lentement, pas à pas, nous avons avancé dans la file. De nouveaux drames commençaient à s'infiltrer dans mon esprit, même si mon âme s'efforçait de rester maître de la situation. Mais je me suis rappelé une des leçons d'*Un cours en miracles* où l'on nous conseille de demeurer à l'écoute de Dieu et de son royaume[13]. Quand même, je voyais bien que s'il fallait acheter de nouveaux billets sur-le-champ, cela pourrait facilement coûter 2 000 $ ou plus. Bon sang, quelle erreur coûteuse ! Aussi, je devrais payer un hôtel et un taxi à Denver, ou bien passer une nuit blanche et inconfortable à l'aéroport, tout en trainant mon pauvre fils innocent.

« D'accord, Dieu bien-aimé, montre-moi en quoi la situation est parfaite », ai-je prié alors que nous arrivions enfin au comptoir du service à la clientèle. À ce stade, je m'étais complètement abandonnée à la volonté divine. Je me sentais honteuse, mais je sentais aussi que la compassion universelle pourrait me défaire de ce sentiment. Les employés étaient en train de terminer une conversation avec un type qui se trouvait devant moi dans la file, et qui avait apparemment agi en abruti arrogant et suffisant.

J'ai expliqué à la préposée que nous avions raté notre vol, et elle s'est mise à vérifier la réservation. Elle a levé un regard perplexe.

— Votre vol d'arrivée n'était pas en retard, a-t-elle dit, et le vol en partance a décollé à temps. Qu'est-ce qui s'est passé ?

13. Il s'agit d'une des leçons du Saint-Esprit dans *Un cours en miracles* (chapitre 6).

C'était le moment d'être franche.

– J'ai eu une journée pénible, ai-je confié. J'ai oublié d'avancer ma montre, et c'est ma faute si nous avons manqué le vol. J'ai vraiment tout gâché. Quand part le prochain avion ?

La femme était si gentille que j'en avais les larmes aux yeux, et je les lui ai montrées au lieu de les cacher. Elle s'est mise à taper sur le clavier, essayant de nous faire sortir de Denver. J'ai respiré et me suis *ouverte* à plus de *sincérité* et de *bonne volonté*. Après une ou deux minutes, elle a imprimé un nouvel itinéraire. Et je me suis demandé combien cette erreur allait me coûter.

L'agente m'a montré les réservations pour le lendemain matin. Prenant mon courage à deux mains, j'ai demandé :

– C'est combien pour les nouveaux billets ?

– Oh, je me suis occupée de ça, ma chère. On le fait parfois dans des cas particuliers. Il n'y a pas de frais supplémentaires.

Oh ! Un miracle ! Mais ce n'était pas tout.

– Vous aurez besoin d'un hôtel ce soir, non ? m'a-t-elle demandé. Voici un bon pour une chambre à demi-prix. Une navette gratuite vous prendra dès que vous aurez fait votre réservation.

J'étais si reconnaissante que j'aurais pu m'asseoir là, sur place, et pleurer de joie. Au lieu de ça, j'ai pris la main de cette femme gentille et l'ai regardée dans les yeux.

– Vous avez été mon ange ce soir, ai-je dit. Merci beaucoup ! Je vais prier pour vous.

– Merci, ma chère, a-t-elle dit en souriant. Au suivant !

Alors qu'Aron et moi marchions vers notre navette, je m'émerveillais des leçons que je venais d'apprendre. Si je n'avais pas utilisé la SOB dans cette situation et que je m'étais montrée furieuse, l'agente du service à la clientèle ne m'aurait peut-être pas retourné autant d'amour. Rappelez-vous : étant donné que le client précédent l'avait harcelée, mon état intérieur pouvait soit augmenter son stress ou le soulager. (En tant qu'âme, elle est pleinement responsable de ses choix, mais elle vit aussi dans le monde de l'humanité, tout comme moi et « l'abruti » qui m'avait précédée.)

Je sentais intuitivement que mon erreur était parfaite : elle me donnait une chance de m'entraîner à la SOB et de voir les effets de mes choix intérieurs sur mon monde extérieur. Si j'avais choisi la peur et l'hostilité, qui sait combien ces nouveaux billets d'avion, ce taxi et cet hôtel auraient coûté ? Mais je ne voulais pas vraiment le savoir, j'ai plutôt exprimé toute ma gratitude à l'Esprit.

Un autre résultat de cette histoire a été l'effet de mon énergie sur la foule qui m'entourait, sur Aron et sur les systèmes de mon corps physique. En m'ouvrant à la bienveillance et à la possibilité que mon monde soit dans la perfection du moment présent, je me concentrais sur l'amour à travers tous les aspects de mon être. Si j'avais fait un autre choix, en prenant la voie familière de la peur et de la haine de soi, j'aurais dégagé de la négativité dans mon système sanguin, envers mon enfant (lui enseignant ainsi que la peur est une réaction intelligente au monde), et dans l'espace qui m'entourait. Nous faisons continuellement des choix semblables, sans toujours en remarquer les effets. Du point de vue énergétique, nous sommes intimement reliés à un seul Créateur. Cela signifie que notre choix entre la peur ou l'amour infiltre chaque cellule de notre être physique, de même que nos relations avec la famille et les amis, et se répand vers tous les gens et toutes les choses qui croisent notre chemin.

« Pour apprendre la paix, il faut l'enseigner », voilà un autre axiome de sagesse d'*Un cours de miracles*. Nous apprenons tous les uns des autres à propos de nos choix, continuellement. Nous sommes tous nus devant les autres, mais nous faisons semblant d'être vêtus. Lorsque nous choisissons d'enseigner la sincérité, l'ouverture et la bonne volonté, le monde entier se rapproche davantage de la paix.

Chapitre 5

# Troisième étape — Parcourir son corps émotionnel

Revoyons les étapes du pardon que vous avez entreprises jusqu'ici : vous avez imprégné votre espace-temps avec la prière, l'avez sacralisé et avez demandé l'aide de votre Créateur. Puis, vous avez examiné ce qui vous dérange, c'est-à-dire ce qui semble vous séparer d'une expérience de paix intérieure. C'est sorti sous la forme de l'histoire que vous aviez à l'esprit à propos d'une « scène de crime » survenue entre vous et au moins une autre personne, ou avec vous-même, ou entre vous et Dieu. Dans la scène de crime, vous avez identifié une victime et un coupable. Vous avez choisi la SOB pour examiner votre histoire à propos de l'événement. À présent, quoi d'autre ?

## Deux éléments essentiels

Remarquez que les émotions montent à la surface. *Pour nager dans le courant de l'amour divin, vous devez être prêt à éprouver vos sentiments.* Ils seront probablement incommodants et stressants — cela fait partie du travail de la libération émotionnelle. Après tout, si vous vous sentiez bien, vous n'auriez pas besoin d'un livre ni d'un processus pour vous aider à vous en sortir ; vous iriez tout simplement bien. Mais vous êtes en train d'examiner ce qui ne semble pas aller chez vous, et vous aurez besoin d'aide, autant que possible. À ce stade et tout au long de votre séance, il vous faudra deux ingrédients essentiels : la respiration et une plus grande confiance.

> ***Un rappel :*** *Demeurez consciemment en contact avec le pouvoir de vos prières, et rappelez-vous que vous avez demandé l'aide des enseignants et des maîtres que vous avez invités dans votre espace sacré. À tout moment, au cours de votre processus, revenez à ce soutien. Ces êtres sont là pour vous aider ! Dites OUI à leur sagesse et à leur guidance.*

### La respiration

Concentrez-vous sur votre respiration, en répandant votre souffle dans tout votre corps. Vous souhaitez recevoir immédiatement les bienfaits de son oxygène et de son action nettoyante. Lorsque les émotions deviennent pénibles, nous retenons souvent notre souffle, et vous devez faire très attention à cette tendance.

Rappelez-vous de respirer à fond, jusque dans votre ventre. Amenez votre souffle dans votre tête, votre gorge, votre cœur et vos poumons, votre diaphragme, votre ventre, et faites-le descendre dans vos orteils et jusque dans la terre. Sentez aussi l'arrière de votre corps, en envoyant consciemment votre inspiration et votre expiration *derrière* votre cœur et dans le bas du dos. Inspirez et expirez dans votre cœur. Sentez le souffle qui se libère par la plante de vos pieds et à travers vos mains.

En respirant ainsi, vous ouvrez votre esprit autant que votre corps physique. Cela donne à vos émotions l'espace nécessaire pour traverser d'abord votre pleine conscience, puis pour sortir de votre corps et de votre esprit.

### La confiance

Commencez à sentir tout ce qui monte en vous. Faites confiance, puis redoublez de confiance. Persévérez !

### Trouver les nœuds émotionnels

Plus tôt, j'ai décrit la douleur émotionnelle comme une contraction ou un nœud qui habite notre corps émotionnel. *Étant donné qu'au cours de ce travail, nous voulons tirer des leçons de tout ce qui survient, il ne faut pas repousser ou fuir la douleur, mais plutôt s'y appuyer avec douceur.* Lorsque nous nous livrons à ce processus dans la détente, avec une attitude de fascination, nous sommes beaucoup plus susceptibles d'arriver aux causes premières de notre douleur ou traumatisme.

La cause la plus profonde de la douleur est toujours l'apparence de séparation d'avec le Grand Mystère qui nous donne la vie. Je dis « apparence », parce qu'il est impossible de se séparer de l'Unique. Mais lorsque nous croyons à la séparation, nous donnons plein pouvoir à l'ego. Nous commençons à nous sentir seuls, coupés de tout appui, et vulnérables à une attaque. La stratégie de l'ego consiste à se retirer et à se défendre en essayant de protéger son individualité contre les attaques de « l'extérieur » (comme s'il y avait vraiment un extérieur). Nous prenons peur — nous sommes pétrifiés, en fait — car après tout, qui remporterait la bataille entre vous (ou moi) et Dieu ? Question ridicule — Dieu gagne à tout coup. Par conséquent, nous sommes terrifiés et nous voulons nous cacher.

Pour les lecteurs qui ont fait beaucoup de psychothérapie, il peut être logique de remplacer « Dieu » par « parents » dans ce scénario. Après tout, nous avons tous été, jadis, de petits bébés vulnérables. Et comme les parents sont rarement parfaits, certains modes de comportement dysfonctionnels prennent souvent racine au début de notre développement. Mais en définitive, la danse à laquelle nous nous livrons avec nos parents — ou avec *toute* figure d'autorité — n'est qu'un symbole de notre communion avec la Source, ou de la peur qu'elle nous inspire. Chaque conversation et interaction, tout au long de notre vie, et même dans le ventre maternel, fait partie de notre constante conversation avec notre Créateur. Et lorsque nous nous sentons déconcertés, honteux et coincés par notre ego — tout en permettant à notre ego de nous confondre davantage en conférant à la peur une apparence de réalité —, nous nous retrouvons sur un champ de bataille. Même si cela ressemble à « moi contre le monde », « moi contre les forces du mal », « moi contre mon amoureux, mon patron, mon enfant ou mon ex », ou « moi contre moi-même », il s'agit en réalité de moi (et vous), et de notre attitude par rapport à notre relation avec la Source.

En plongeant résolument dans le courant de l'amour, nous quittons le champ de bataille. Nous renouvelons notre engagement envers la paix. Nageant avec confiance et détermination, nous sortons de notre cachette et affrontons nos peurs. Elles sont enfouies dans les appréhensions que nous éprouvons. À présent, une couche à la fois, nous allons les examiner et les libérer.

## La dissociation

Si vous avez enduré des incidents particulièrement durs de violence, d'abandon ou d'abus dans votre vie, vous avez peut-être développé une tendance à la dissociation. Cela veut dire que vous sortez parfois de votre conscience – parfois même de votre corps – dans une stratégie de survie. Vous avez peut-être l'impression de flotter au-dessus de vous-même, ou que le temps passe et que vous avez oublié ce que vous faisiez. Il vous est difficile, au cours de vos explorations profondes, d'être en contact avec vos sensations corporelles et d'y rester. Tandis que la dissociation est un mécanisme naturel qui vous a permis de supporter des événements terrifiants, elle peut devenir, avec le temps, une habitude qui interfère avec votre guérison.

Vous devrez réapprendre et vous rappeler votre connexion à la présence et la conscience. À ce stade de votre processus de pardon, vous aurez peut-être besoin d'être guidé davantage pour vous donner une direction et vous rappeler doucement que la vie, à présent, est assez sécuritaire pour vous soutenir. Un coach ou un thérapeute d'expérience peut être un allié utile. Surtout si vous avez vécu une série de sévices au fil du temps, vous aurez probablement besoin du soutien additionnel d'un professionnel affectueux, sage et obligeant. Je vous encourage à consulter, ce sera votre engagement à guérir. Si vous gardez confiance et que vous demandez de l'aide, elle viendra.

## Décrire et observer les nœuds émotionnels

Au chapitre 4, vous avez dressé une liste de vos histoires de victimes et de coupables, et en avez choisi une pour débuter. À présent, rappelez-vous-en les détails. Commencez à ressentir tous les aspects de votre peur, de votre douleur et de votre colère. Tout en ayant confiance et en continuant de respirer, maintenez votre « scène de crime » à l'avant-plan de votre esprit. Commencez à examiner vos sensations corporelles.

Fermez les yeux de façon à diriger votre attention vers l'intérieur plutôt que l'extérieur. *Sentez* l'intérieur de votre corps. Quels endroits s'éclairent, ressortent, deviennent évidents ? Habituellement, il y a dans votre esprit un endroit relié à la peine que vous retenez. C'est votre lien corps-esprit. Il est réel, et il a besoin de votre attention.

Votre corps physique garde en réserve vos préoccupations mentales et émotionnelles à régler ; il retient également tout votre talent, votre amour et votre joie. Chaque pensée incomplète et douloureuse a été entreposée (par vous) quelque part à l'intérieur d'un muscle, d'un os et du sang et attend que vous soyez prêt à guérir. Vous avez choisi ce moment pour défaire ces nœuds. Il est temps de les découvrir et d'en tirer des enseignements.

Souvent, mes clients rapportent une activité dans leur plexus solaire (la région de l'estomac), le cœur, la tête ou la gorge. Ces zones sont les points névralgiques de la formation des nœuds, et vous trouverez probablement quelque chose dans l'une de ces zones qui est particulièrement sensible. Si plus d'un endroit réclame votre attention, allez tout simplement au plus sensible, c'est-à-dire au plus souffrant ou au plus insistant. Puisque nous travaillons couche par couche, vous explorerez bientôt les autres zones

Commencez par décrire comment vous percevez et sentez votre nœud émotionnel. Si vous avez de la difficulté ou que vous vous égarez, il vous suffira de retourner à l'histoire qui a ravivé cette émotion. Rappelez-vous : vous êtes en train de retracer votre trajectoire de la douleur à la guérison, en passant par (1) le souvenir douloureux (2) aux émotions pénibles déclenchées par ce souvenir (3) au réservoir de douleur que vous avez enfoui dans votre corps physique.

## Votre histoire en tant que symbole

Entrez dans votre histoire suffisamment à fond pour atteindre vos sentiments. Lorsque vous serez connecté à votre corps émotionnel et que vous pourrez parcourir le circuit de vos émotions à votre âme, vous n'aurez plus vraiment besoin de cette histoire. Il faut donc délaisser les détails de votre histoire pour vous concentrer davantage sur l'expérience immédiate et viscérale de ce qui se passe dans votre cœur et votre esprit.

Après tout, votre histoire n'est qu'un symbole. Mais votre esprit égoïste pourrait réagir fortement à cette affirmation : « Quoi ? Juste un symbole ? Mais ces choses sont vraiment arrivées ! Je suis *vraiment* une victime (ou un coupable) ! Des personnes réelles ont subi un tort ! C'est vraiment épouvantable ! »

Ma réponse à cette voix, celle qui veut vraiment maintenir ce sentiment de victimisation, est qu'en effet, dans notre monde où nous sommes apparemment des êtres humains individuels, ces événements se sont effectivement produits. Et ils étaient vraiment épouvantables. Mais dans le monde spirituel, celui de la vérité divine, nous sommes éternels et nous ne subissons pas les effets du *maha lila* (en sanscrit, le « jeu de l'illusion ») qui semble se passer ici sur Terre.

Lorsque nous faisons le choix de plonger dans le courant de l'amour, nous choisissons activement de passer du monde de la victimisation au monde du Divin. De ce point de vue, toutes les histoires qui ont pu arriver, à vous comme à quiconque, symbolisent notre état de conscience.

Quand notre histoire s'est produite, ou bien nous étions conscients de notre union à l'amour éternel et parfait, ou nous ne l'étions pas. Le cas échéant, nous avons *maintenant* une nouvelle chance de le devenir. Nous pouvons remercier l'Esprit de cette ouverture constante, du fait qu'il attende patiemment que nous soyons prêts à nous unir consciemment — à tout moment, n'importe où, en toute circonstance.

Telle est la signification de la clémence.

Pensez-y. Gardez dans votre cœur le miracle de cette générosité divine et clémente. Elle est vraiment miraculeuse. L'amour inconditionnel est la source de tous les miracles.

## De retour à votre nœud émotionnel

Lorsque vous aurez trouvé le point de contraction le plus sensible, commencez à l'examiner dans un esprit d'exploration et de curiosité. Demandez-vous : « Qu'est-ce que c'est ? » Et respirez. Pour vous aider à obtenir des détails et de l'information sur la nature de ce que l'auteur Eckhart Tolle appelle le « corps de souffrance[14] », utilisez les questions suivantes :

- Où est le nœud dans mon corps ?
- Quel effet me fait-il, de quoi a-t-il l'air ?
- Je perçois quelles couleurs, quelles textures ?
- Quelles sont mes émotions quand je me mets à l'écoute du nœud ?
- Me vient-il une vision ou une image ?
- Ai-je peur de le regarder ou de le sentir ?
- Un souvenir y est-il relié ? Quel est-il ?
- Y a-t-il quelqu'un d'autre avec moi ? Qui est-ce ?
- À l'intérieur de ce nœud, j'ai quel âge ?

14. Tolle, Eckhart. *Le pouvoir du moment présent : guide d'éveil spirituel*, Paris, J'ai lu, 2010.

- Quelle image, vision ou impression est-ce que je garde de cette personne ? Est-ce que je la considère meilleure que moi ? Pire ? Plus puissante ? Effrayante ? Idiote ou sans grand intérêt ? Méchante ? Remarquez le besoin de votre ego d'entretenir un déséquilibre du pouvoir avec les autres impliqués dans votre histoire.

Décrivez le point de contraction, et apprenez-en le plus possible à son sujet. Soyez à l'écoute de ses messages. Voyez ses couleurs et ses textures. Remarquez le sentiment relié à vos sensations physiques, ainsi qu'à vos pensées et croyances. Faites appel au courage et à la clémence. Observez et ressentez.

### Décrire votre nœud émotionnel

Pour obtenir des détails et de l'information, utilisez les idées et consignes suivantes. Si vous le voulez, vous pouvez écrire vos réponses ou vous contenter d'utiliser les questions afin de soutenir votre processus.

1. *Où* sont les nœuds émotionnels qui réclament à présent mon attention ? Par exemple : la zone du ventre, de l'intestin et du plexus solaire, le cœur, la gorge, la mâchoire, la tête, etc.

2. Le premier nœud sur lequel je veux me concentrer, c'est [...].

3. Décrivez le nœud : sa texture, sa couleur, son image visuelle, son mouvement, etc. Par exemple :

dur, élastique, granuleux, rude, éclaté, gluant, noir, rouge, goudronneux, rocailleux, etc.

4. Respirez ! Insistez sur une longue et lente expiration pour vous détendre encore plus profondément.

5. Demandez l'aide des maîtres, des anges et des enseignants que vous avez invités dans votre cercle sacré.

6. FAITES CONFIANCE. Utilisez la SOB pour apprendre à faire confiance. Soyez franc, ouvert et décidé à effectuer ce travail.

7. Vérifiez de nouveau cet endroit. Décrivez toute couleur, texture ou image additionnelle que vous recevrez.

8. Si vous voulez utiliser ces questions sous forme imprimée pour vous y référer aisément, visitez le www.anaholub.com et téléchargez gratuitement *Describing the Knot* et *Questions for the Knot*.

## La tonalité

Rappelez-vous que la « tonalité » du point de contraction est sa vibration. Tout comme une note de musique résonne sur une corde de guitare ou de piano, la note qui se fait entendre par votre point de contraction chantera. Écoutez-la et ressentez son taux vibratoire. Un indice : cette note sera surtout grave et dense, plutôt qu'aiguë et joyeuse. Pourquoi ? Parce que la tonalité décrit, sans mots ni pensées de l'intellect, l'effet de votre sentiment de victimisation sur votre conscience. C'est une blessure, et elle vous indique comment elle survit en vous. Vous ne l'entendrez peut-être pas par vos oreilles, mais vous la reconnaîtrez néanmoins.

La scène du crime sur laquelle vous vous concentrez n'est pas isolée, mais elle est reliée à une chaîne d'*autres moments et endroits de votre vie où vous avez déjà senti la même tonalité.* C'est une note, un son, une vibration. Est-elle familière ? Écoutez en silence, en laissant les souvenirs monter naturellement de votre inconscient.

Probablement qu'un souvenir émergera ou peut-être toute une série de souvenirs. Ces derniers étaient d'autres occasions de guérison que vous n'avez pas reconnues à l'époque. Vous n'aviez ni la maturité, ni la préparation, ni le savoir-faire nécessaires pour vous en occuper, mais maintenant, oui. Si rien n'émerge, ne vous en faites pas.

## Des exemples de nœuds émotionnels

En 25 ans de travail de guérison, j'ai rencontré bien des descriptions différentes de nœuds émotionnels. Certaines venaient de ma propre expérience du subconscient, et d'autres de mes clients. Certaines images archétypales surgissent souvent. Je vous présente ces exemples à titre d'indices, mais bien sûr, vous devriez recourir à votre expérience directe. Faites confiance à ce que vous recevez, et allez-y. Il n'y a pas de mauvaise façon de procéder !

*Tout ce qui émerge est bon pour vous.* À mesure que vous insisterez pour examiner la vérité, vous descendrez de plus en plus profondément dans les réservoirs de douleur passée que vous avez retenus dans votre corps. Les images changeront au fur et à mesure de votre exploration, et en cours de route, le nœud peut se déplacer dans votre corps. La sagesse de votre corps se mettra en marche pour vous. Laissez-la faire. Permettez un contact profond avec cette sagesse. Ce n'est pas difficile ; il faut seulement de la sincérité, de l'ouverture et de la bonne volonté. Vos corps physique, émotionnel et mental acclameront et célèbreront votre désir de creuser davantage parce que la guérison s'en vient, enfin.

Il faut se rappeler, à ce stade, que la contraction que vous trouverez est en fait de l'énergie. Elle est vibratoire. Alors si durant cette portion de votre exploration, vous trouvez des images remplies de lumière et d'anges, cela indique que vous n'êtes pas en train de faire un travail de guérison. La cristallisation de la pensée de peur – pleine de douleur, de honte, de colère et de culpabilité – aura donc cet aspect et cet effet : pénible et coupable. L'image correspondra à la tonalité de vos souvenirs. Alors, ne prenez pas de « raccourci spirituel ». Autrement dit, n'escamotez pas les aspects difficiles pour vous réconforter dans la lumière et l'amour. *Ce travail, ainsi que l'entière sincérité qu'il exige, est la lumière et l'amour sous forme de vérité.* Un raccourci spirituel ne vous aidera pas ; en fait, il va juste vous ralentir. Passez directement à une description honnête de l'angoisse que vous ressentez. Vous la verrez se développer à partir de votre sentiment de victimisation.

Souvent, des couleurs et des textures apparaissent lorsque nous examinons nos nœuds émotionnels. Plus d'un client a trouvé une boule grise de créatures visqueuses et d'allure serpentine. Des clients trouvent souvent des images de serpents, d'intestins ou de câbles entortillés, habituellement de couleurs sombres. Parfois, la couleur brune apparaît, reflétant le dégoût de soi, ou le fait de se sentir « comme une merde ». Beaucoup de gens trouveront de grosses pierres noires et rigides dans leur ventre, des cavernes obscures dans leur cœur, des sentiments de suffocation, ou des images d'un désert. Parfois, les descriptions sont rougeoyantes, pleines de feu et de colère.

Pénétrer dans votre corps pour y trouver les zones de douleur, c'est ça le parcours qui consiste à sonder votre subconscient à la recherche de votre part d'ombre. Beaucoup de symboles archétypaux y résident. Vous trouverez peut-être des liens avec de grandes épopées et légendes de diverses cultures. Comme nous l'ont montré Carl Jung et Joseph Campbell, toutes les cultures sont bien vivantes dans l'inconscient collectif que nous partageons. Vous participez à votre propre voyage du héros, en quête du trésor enfoui dans votre esprit. Il y aura des tiraillements et des épreuves, mais lorsque vous aurez une idée de sa trajectoire, ce qui émergera cessera d'être intimidant et commencera à vous fasciner — si vous le permettez.

Certaines personnes sont beaucoup plus visuelles que d'autres. Je ne le suis pas vraiment, bien que je sois très intuitive et kinesthésique. Je sens profondément mon processus à l'œuvre, mais je n'y vois pas nécessairement une image claire, ou si cela se produit, elle est plutôt élémentaire. Certains de mes clients sont très visuels : ils obtiennent régulièrement beaucoup d'information et d'images colorées. L'essentiel est de ne pas vous attarder sur la *façon* dont les données vous arrivent et de ne pas essayer de les forcer. Il s'agit de se détendre et de s'abandonner, pas d'entrer tambour battant à la conquête de quelque chose.

Comme l'information psychologique est déjà vivante en vous, laissez-la parler. Mettez-vous à l'écoute de l'information visuelle que vous obtenez et explorez-la ; aussi, élargissez votre rayon à ce que vous disent vos autres sens. Vous pouvez avoir chaud ou froid dans certaines parties de votre corps, ou sentir des odeurs ou de petits tics ou mouvements convulsifs qui vous disent de vous concentrer à un endroit en particulier. Si vous utilisez la SOB, vous trouverez le point de contraction, et si vous avez besoin d'aide, vous pourrez toujours trouver un coach ou un thérapeute pour vous guider.

Peu importe que ayez beaucoup d'expérience dans ce genre de travail ou que ce soit la toute première fois. En fait, si vous avez déjà exploré certains concepts du Nouvel Âge, vous devrez peut-être en laisser quelques-uns de côté pour devenir suffisamment « simple » afin de réussir ce travail. Mettez de côté les méthodes sur l'alignement des chakras, la lecture de l'énergie, ou les explications astrologiques. Pour l'instant, vous n'aurez pas besoin d'autre technique ou connaissance, et vous pourrez toujours y revenir plus tard, au besoin.

Voici un exemple de ce dont je parle. Une cliente, que j'appellerai Nancy, avait confortablement installé son ego dans une identité de « guérisseur ». Elle était tellement certaine d'avoir déjà travaillé sur ses problèmes qu'elle ne s'était jamais vraiment rapprochée de la libération émotionnelle, qui est la pierre angulaire de cette pratique. En fait, elle se servait de son expérience comme d'un tampon ou un bouclier entre elle et les nouvelles possibilités qu'elle pouvait rencontrer pendant notre séance. Même si je faisais de mon mieux pour l'aider à aller plus loin, elle disait sans cesse : « Ouais, j'ai fait ça il y a des années, et... » ou « Je sais déjà que j'ai des problèmes avec ma mère. » Nancy cherchait nettement de l'aide (après tout, c'était elle qui prenait rendez-vous), mais elle n'avait pas suffisamment de sincérité, d'ouverture et de bonne volonté pour faire son propre travail mental et corporel. Aucune de mes paroles n'y changeait rien.

Quand la plupart des gens viennent me consulter, c'est qu'ils sont prêts à faire bouger leur énergie. Mais Nancy, non. Si je vous décris son cas, c'est que vous pourriez vous reconnaître en elle. En fait, nous avons tous été plus ou moins dans cette situation, sans l'admettre nécessairement. Chaque fois que nous avons laissé régner notre ego au lieu de demander au Grand Mystère de nous guider, nous avons « été une Nancy » — peut-être durant des vies !

Nick était d'un genre bien différent. Lorsqu'il est venu me voir, à 65 ans, il avait passé toute sa vie active en tant que médecin des urgences. Nick était un homme aux principes solides, qui avait fréquenté l'église pendant 30 ans. Étant donné qu'il ne savait pas comment libérer ses émotions douloureuses, il avait choisi l'alcool comme automédication, et à présent, sa stratégie se retournait cruellement contre lui. Comme il ne savait pas du tout gérer sa colère et son angoisse, il se défoulait sur sa femme. Entre l'alcoolisme et la maltraitance à la maison, les choses se détérioraient vraiment pour Nick, mais il est venu avec l'intention ferme d'apprendre la SOB afin de renverser la situation.

De toute sa vie, Nick n'avait jamais participé à une séance de développement personnel. Il ne croyait pas aux AA, et son orgueil l'avait empêché de chercher de l'aide. Être médecin, c'était un peu comme être soldat ou policier : sa culture professionnelle lui interdisait d'admettre un problème personnel – il se contentait de ravaler ses émotions, et continuait. Mais à présent, tout s'écroulait, et Nick était terrifié à l'idée que sa femme finisse par le quitter. Il avait atteint le fond et acquis l'humilité nécessaire pour vraiment s'ouvrir à tout ce qui pourrait l'aider. Nick arrivait à point nommé pour explorer avec sincérité son monde intérieur.

Il se trouve que, même si Nick n'avait jamais plongé dans ces eaux, il baignait naturellement dans le courant de l'amour. Il ne s'était jamais senti à l'aise avec les dogmes de l'Église, mais avait un lien direct avec l'Esprit. Cela lui donnait une façon d'entrer en contact avec sa vie intérieure avec foi et souplesse.

Au début de notre séance, Nick m'a fait entièrement confiance. Il y est allé avec ses tripes, et son instinct lui disait que ce travail allait l'aider à sortir de son malheur : il a donc plongé sans réserve. À mesure qu'il explorait son sentiment de victimisation, il s'est mis à ressentir ses émotions. Et en s'ouvrant à ce sentiment, il a découvert un nœud émotionnel dans son cœur. Suivant mes instructions, il a ralenti et courageusement commencé à examiner et à ressentir de plus en plus profondément.

Nick a trouvé son cœur barricadé avec de vieilles planches. Comme il avait grandi sur un ranch familial, cette image symbolique lui venait directement de son enfance. Nick s'est mis à l'écoute de lui-même et a posé plusieurs questions pertinentes : « Dans la scène ou l'image, j'ai quel âge ? J'étais où ? Est-ce que j'étais seul ou avec quelqu'un d'autre ? Y a-t-il des souvenirs rattachés à cette image dans mon cœur ? »

Nick a laissé venir naturellement les réponses à ces questions. Il en a appris sur lui-même. Son expérience était viscérale, car il sentait le profond désir de protection qui l'avait poussé à ériger ces barrières. Il a regardé la « peur de la peur » droit dans les yeux. Puis, il a assumé à la fois la construction et la déconstruction de la barricade autour de son cœur, et a laissé s'effondrer les vieilles planches de bois – sans savoir ce qui allait arriver ensuite. C'était un acte de pure confiance de sa part. Cet effort courageux était le résultat de la sincérité totale à laquelle il était arrivé – tout cela parce que sa vie ne pouvait plus fonctionner. Il savait que c'était un choix qu'il voulait et qu'il avait besoin de faire.

Ce n'est qu'après avoir démantelé les barricades autour de son cœur que Nick a pu accepter le contact guérisseur de l'Esprit, qui était sa propre intelligence spirituelle. Il a découvert en lui-même un nouvel espace dans lequel la sagesse intuitive pouvait circuler. Aussi longtemps qu'il est resté en contact avec l'Esprit (cela lui a demandé de la pratique au fil du temps), il n'a eu aucun désir d'alcool, et a traité sa femme avec respect. Voilà pourquoi il nous faut *d'abord* prier et libérer notre souffrance avant de chercher des réponses aux grandes questions de la vie. Comme Nick, nous devons écouter avec honnêteté et faire place à une nouvelle vibration en nous.

Chapitre 6

# *Quatrième étape — Accueillir la peur avec amour*

Au fil des ans, en étudiant mon propre parcours, tout en étant pour beaucoup de gens une conseillère professionnelle en pardon, j'ai découvert que l'aspect extérieur de notre éveil n'a pas vraiment d'importance : nos changements de conscience peuvent être flamboyants ou extrêmement subtils, et se situent fort probablement quelque part entre les deux. Sauf dans quelques rares cas, l'éveil se produit en nous à petits pas qui se comptent par milliers. Certains sont évidents et ont un effet déterminant sur toute la vie, mais beaucoup sont souvent mystérieux et notre esprit conscient n'y a même pas accès. À mesure que nous avançons dans notre processus, les changements deviennent de plus en plus conscients, mais même là, pour la plupart d'entre nous, des niveaux importants de notre être restent cachés tout au long de notre vie humaine.

La douceur que j'ai développée au cours de ces 25 années est due à l'influence de mon amour envers la

Mère divine. Cet aspect de l'Unique nous donne une douce force, car elle est étanche à l'esprit égoïste. Elle n'a rien à prouver et ne s'adonne pas à un comportement spectaculaire et insolent. Son amour est tendre et universel, il nous soutient doucement, parfois si subtilement que si nous n'étions pas sensibles et émerveillés face aux petits miracles de la vie, nous passerions complètement à côté. Mais ça va, car cette bénédiction est toujours là, attendant que nous nous en souvenions, car chaque fois que nous réussissons à dénouer un nœud de souffrance de notre cœur et de notre esprit, elle devient encore plus brillante.

Je mentionne ici cette puissance douce, car à mesure que vous approcherez les contours de la contraction que vous avez découverte, vous pourriez être étonné par votre réaction. Vous sentirez peut-être une décharge d'émotion et de révélation, ou vous vous contenterez de respirer et de vous sentir plus léger. L'aspect importe peu. Avec le temps, vous connaîtrez une myriade de variations sur le thème. Ce qui compte, c'est de choisir la *direction* de la guérison, et la prière sincère que vous utiliserez pour vous guider.

Tout comme beaucoup de musulmans se tournent vers La Mecque cinq fois par jour, nous nous tournons sans cesse vers notre innocence originelle. Avec sincérité, nous nous dévêtons devant notre Créateur. Peu importe quel voile tombe au sol et s'il est fait d'une lourde toile ou d'une fine soie. *Restez seulement concentré sur le dévoilement.* Car après tout, à ce stade de notre évolution, nous sommes une espèce planétaire de stripteaseurs. Enlevez tout, puis recommencez !

## Approcher les contours de votre nœud émotionnel

Lorsque vous avez trouvé la tension dans votre corps et que vous l'avez décrite avec sincérité, ouverture et bonne volonté, vous avez trois choix :

1. Vous pouvez choisir de battre en retraite devant la souffrance ;
2. Vous pouvez décider de vous battre contre la souffrance ;
3. Vous pouvez vous appuyer doucement sur la souffrance.

Explorons chacune de ces options.

### *Option 1 : Battre en retraite devant la souffrance*

Cette méthode est le mode de fonctionnement le plus familier de l'humanité. Nous avons fait cela un million de fois, au cours d'innombrables vies.

Si vous battez en retraite devant la souffrance, cela veut dire qu'à ce stade de votre exploration, à cause de l'inconfort mental, émotionnel et psychique, vous remettez votre souffrance (et sa sagesse) dans le réservoir de votre corps. Là, elle continue de suppurer et attire dans votre vie de nouvelles occasions de guérison sous forme de situations additionnelles. Vous vous dites : « Pas maintenant, Dieu. Je n'ai pas envie d'affronter mon propre malheur taillé sur mesure. Je veux seulement que cette souffrance s'en aille. Laisse-moi seul. Je m'en occuperai un autre jour. » Puisqu'en vérité, nous sommes éternels et que nous avons reçu le libre arbitre, nous pouvons faire ce choix aussi souvent que nous le voulons. Et la plupart d'entre nous le font chaque jour, chaque heure et chaque minute, sans même s'en apercevoir !

Le déni de notre douleur explique la dépendance de la société aux analgésiques et aux antidépresseurs. À la guérison divine, nous préférons l'automédication. Il vaut la peine d'examiner ses choix de mode de vie pour savoir à quel point on enfouit en soi la tristesse, la peur et la souffrance. Si on s'adonne à des comportements de dépendance ou d'évitement (comme l'abus de drogue et d'alcool, l'excès de travail, de télévision et de jeux vidéo, des habitudes alimentaires malsaines, l'inquiétude à outrance et le besoin maladif d'attention et d'approbation, pour n'en nommer que quelques-uns), on peut voir comment on bat continuellement en retraite devant la liberté et la libération. Ces comportements sont tous de faibles tentatives en vue de remplir une caverne béante de solitude et de séparation par rapport à l'Esprit. Ils n'ont aucune efficacité, et par ailleurs, notre expérience de la séparation est fausse. Mais nous ne connaîtrons jamais la vérité à moins d'exiger plus de courage de notre part. Avec le temps, battre en retraite n'en sera que plus pénible et ignoble.

### *Option 2 : Combattre la souffrance*

Vous voulez de l'aide, mais vous choisissez le vieux paradigme pour tenter d'y arriver. Étant donné que vous avez été marqué psychiquement par la guerre et la violence, vous *attaquez* la peur en donnant un assaut spectaculaire. Le résultat doit produire un gagnant et un perdant. Vous réfléchissez rapidement et essayez la stratégie « Va-t-en, damnée souffrance ! Va-t-en, j'ai dit[15] ! » En faisant étalage de votre pouvoir, vous sortez les gros canons – c'est-à-dire toutes vos techniques les plus géniales – et vous faites de votre mieux pour vaincre votre peur par la force brutale. Cela peut inclure zapper le nœud, faire de l'exercice comme un maniaque, jeûner pendant des jours, invoquer des êtres spirituels munis d'épées afin d'extirper cette souffrance ou de l'enfouir dans le sol.

Les techniques utilisées n'ont pas d'importance ; c'est l'attitude avec laquelle vous les employez qui fait la différence. Dans ce travail de guérison intérieur, tout est *énergétique* : alors, examinez votre état émotionnel par rapport à votre propre douleur. Voulez-vous vraiment vous en débarrasser ? Si oui, vous ferez tout en votre pouvoir (par votre maîtrise personnelle, qui est une illusion et qui, par conséquent, ne fonctionnera jamais) pour extirper la souffrance de votre corps. Vous tiendrez pour acquis que c'est votre corps qui doit changer, et vous resterez fixé sur le fait d'être « fort » au sens traditionnel du terme. En fait, il n'y a ici aucun apprentissage, juste une profonde dépendance au maintien du statu quo et au réconfort qu'il procure. Si vous *luttez* contre votre douleur, vous êtes encore sur le champ de bataille. Rien n'a changé, et aussi longtemps que vous vous battrez, vous ne pourrez pas inviter le pouvoir thérapeutique du pardon.

### *Option 3 : S'appuyer doucement sur la souffrance*

Lorsque vous vous appuyez doucement sur la souffrance, le pouls de votre guérison entre en phase avec votre

15. Shakespeare, *Macbeth*, Acte V, Scène 1.

vitalité. Avec une calme détermination et l'intention d'expérimenter, vous continuez à demander l'aide de vos partenaires spirituels. Vous ajoutez un souvenir de la divine énergie féminine (il importe peu que vous soyez un homme ou une femme). Vous respirez, ralentissez un peu plus, et écoutez avec patience. Vous invoquez la compassion comme une grâce salvatrice et laissez votre corps vous enseigner la détente et la libération. Cette méthode s'appelle s'abandonner à l'amour divin.

« Un sage enseignant enseigne par l'approche
et non par l'évitement. »

— *Un cours en miracles,* chapitre 6 :
Les leçons de l'Amour

## Votre choix

Si vous choisissez l'option 3, vous êtes alors prêt à vous appuyer doucement sur votre souffrance. Ce choix demande plus de respiration, plus de confiance et plus de sincérité que les deux autres, et je ne peux que m'incliner devant votre courage.

Très peu d'entre nous ont beaucoup appris à s'appuyer doucement sur un désagrément quelconque. Dans la culture occidentale moderne, un grand nombre des récits épiques que nous avons appris dans notre enfance nous enseignaient soit à gagner une bataille, soit à manipuler afin d'obtenir ce que nous voulions, ou à nous enfuir pour nous cacher. En regardant nos parents et d'autres adultes, nous avons probablement reçu certains de ces messages à la maison aussi. Lorsque nous nous appuyons avec douceur, nous choisissons plutôt la voie de la divine sagesse féminine. Nous échangeons notre champ de bataille contre une salle de cours et nous nous concentrons sur l'apprentissage plutôt que la guerre. En choisissant de nous appuyer avec douceur, nous inaugurons un nouveau mode de vie.

## Se regarder dans le miroir

Pour vraiment connaître la vérité sur nous-mêmes et sur nos relations, nous devons cesser de jeter le blâme sur autrui pour les problèmes de notre monde. Même s'il est vrai que certaines personnes commettent des gestes plutôt affreux, il n'est pas vrai que vous et moi n'y sommes pour rien. Chaque scène de crime de votre première liste de pardon qui parle de vous (en tant que victime) et d'un autre (en tant qu'agresseur) renferme un grain de vérité à propos de vous.

J'ai appris cette leçon d'une façon explicite, un jour alors que je réfléchissais à mon dégoût et à ma colère à propos de l'engagement des États-Unis dans la guerre en Irak. C'était aux premiers jours de l'invasion américaine, soi-disant destinée à dénicher des armes de destruction massive. Le Président et son administration n'ont pas dit toute la vérité au peuple américain, ils ont déclaré la guerre pour des raisons discutables, et ont tué et estropié des centaines de milliers de citoyens irakiens et américains. En tant qu'activiste pour la paix, j'étais submergée d'horreur devant ce carnage.

À l'époque, je participais à un atelier animé par Colin Tipping, l'un de mes mentors qui m'apprenaient à pardonner. Il nous a demandé quel était, selon nous, l'aspect le plus difficile de cette guerre. Pour moi, c'était l'avidité gratuite des décideurs. J'avais l'impression qu'ils avaient déclaré ce conflit pour précipiter leur machine de guerre et ses profits, et pour s'assurer un accès au pétrole du Moyen-Orient. À cause de cette avidité, on tuait des gens et on dévastait un territoire. Je ne pouvais tout simplement pas le supporter.

Dans l'exercice de pardon qui a suivi, nous avons examiné nos récits de victime. Le mien était facile. Il peut se décrire en bien des jurons : « Ces c... sont de vrais rapaces ! Ils tuent des innocents ! » Mais la deuxième partie n'était pas aussi simple, car nous devions alors trouver les mêmes attributs en nous-mêmes. « Moi, rapace ? me suis-je dit. Je ne suis pas rapace. Je m'efforce d'être généreuse de mon argent et de mon temps. En fait, je travaille fort pour ne *pas* être rapace. »

En creusant, j'ai découvert la contraction intérieure qui correspondait à ma colère et à ma condamnation. Les couches superficielles se concentraient sur une évidence : les dirigeants de mon gouvernement et leurs méfaits. Lorsque j'ai retourné cela pour me regarder, j'ai remarqué à quel point l'avidité était un attribut que je ne voulais absolument pas voir dans mon identité. D'autres étaient rapaces, pas moi !

J'avais besoin de fouiller encore plus profondément dans ma psyché. J'ai découvert une peur que je projetais sur « autrui » à l'effet que j'étais peut-être moi-même rapace, et que je ne m'aimais pas à cause de cela. Par ma respiration et avec sincérité, j'ai continué à regarder jusqu'à ce que je trouve de l'avidité en moi. Après tout, je suis humaine, et cela veut dire que tous les attributs humains peuvent se retrouver en moi de même que chez les autres.

Même si je suis souvent généreuse, j'ai vu qu'à certains moments, j'avais été avide de sécurité, d'attention et d'amour. Ce n'était peut-être pas de l'argent que je voulais, mais l'avidité peut affecter la vie sous bien des formes. Je me suis rappelé les fois où j'avais été avide d'honneurs pour mes réalisations, surtout à l'école. Enfant, j'étais avide de compliments dans un autre domaine compétitif, le ballet, où j'appréciais mon image dans la glace et sur la scène, plus que la joie de l'expression artistique. Cette prise de conscience a été pour moi une leçon d'humilité. Je n'avais encore jamais découvert cet endroit en moi, et même si mon ego s'y refusait, je savais aussi que c'était vrai. Mon âme a apprécié cette exploration en profondeur, car elle m'a menée à une grande prise de conscience.

Après avoir débusqué l'avidité en moi-même et chez autrui, j'ai pu *tout* étaler devant l'Esprit pour qu'il la guérisse. Pour arriver à une paix véritable, il fallait que j'accepte cet aspect « odieux » en moi-même autant que chez les autres. Après un pardon radical de toute la situation, j'ai ressenti de la compassion pour tous ceux dont le cœur avait été envahi par l'avidité. J'ai vu à quel point l'avidité découle de la peur, et se nourrit de la crainte qu'il n'y en ait jamais assez pour tout le monde. Je l'avais senti bien des fois dans ma vie, et je bénissais ceux qui le sentaient aussi. Cela ne voulait pas dire que j'approuvais maintenant la guerre. Pas du tout ! Mais mon cœur était libéré de la colère présomptueuse qui sapait ma force vitale. Je travaille encore pour la paix. En même temps, j'honore la beauté qui se trouve profondément en chaque personne… même celles qui font la guerre.

Lorsque nous pouvons nous voir des deux côtés d'une dualité, et que nous pouvons tout offrir à l'Esprit, nous ouvrons alors la porte à la « paix qui dépasse toute compréhension ». Nous apprenons qu'au fond du cœur, nous ne sommes ni victime ni coupable. En réalité, nous sommes libres.

Pour approfondir l'expérience à l'effet de vous appuyer sur votre souffrance afin de la guérir, rappelez-vous que votre histoire de victime ou de coupable symbolise votre éveil. Elle comporte des circonstances que la vie vous a données, et des *interprétations* de ces circonstances que *vous vous êtes données*. Cela vous mène aux thèmes de votre âme sur lesquels vous travaillez en cette vie-ci. L'histoire de ce qui s'est passé est une flèche qui pointe en direction du nœud de contraction. À présent, c'est le nœud qui capte votre attention, et ce *nœud devient un véritable temple de transformation.* Alors, concentrez-vous sur l'expérience brute de la contraction. À ce stade, les détails de votre histoire vont s'amenuiser, car ils ne sont plus nécessaires. Si vous vous écartez de votre processus de pardon, revenez à votre histoire pour renouer contact avec la peur, la tristesse et la culpabilité qu'elle représente. Rappelez-vous que vous voulez aller doucement *vers* la douleur, pour en tirer des leçons, puis la libérer.

## La partie délicate

Nous nous appuyons sur notre souffrance avec une profonde compassion. Pour respecter notre nœud émotionnel, il ne suffit pas seulement de foncer dedans, mais aussi d'en effleurer les bords. En nous engageant dans les émotions qui montent, nous devons respirer profondément, avec une grande confiance. À mesure que sortent la peur, la douleur, la colère et la tristesse, nous les exhalons pour faire de la place à une plus grande vitalité et une plus grande force vitale. C'est une méthode universelle de guérison, et elle fonctionne de façon identique pour chacun.

Pour vous aider à rester présent au cours du processus, faites ce qui suit :

- Soyez sincère ;
- Dirigez-vous doucement vers le nœud avec la bonne volonté de guérir ;
- Ouvrez votre esprit à recevoir les enseignements ;
- Respirez profondément.

Bien, mais que diriez-vous d'un petit secret ? Cette partie n'est pas la plus difficile. L'aspect difficile de ce travail consiste à faire passer votre attention de l'identification à la souffrance à l'immense amour qui existe au-delà de celle-ci.

Nous avons tous passé des décennies (peut-être des millénaires) à pratiquer un attachement à la douleur personnelle, et nous y sommes devenus plutôt habiles. Cet attachement est si familier et socialement accepté que pour le dépasser, il faut y accorder toute notre attention. L'aspect rassurant de cela, c'est que peu importe à quel point nous nous sommes embourbés dans une fausse identité basée sur l'ego, chacun peut entrer en contact avec l'immense et incomparable qualité de la vie. Comme notre moi véritable est l'Être Infini, personne n'est laissé pour compte.

À ce stade, nous devenons consciemment en phase avec l'Esprit, qui est beaucoup plus grand que le petit monde de notre souffrance. En élargissant notre esprit, nous tenons notre douleur dans la paume de notre main, pour l'examiner, en tirer des leçons, et la bénir lorsqu'elle quitte notre cœur et notre esprit.

C'est une opération délicate que de sentir l'intensité des émotions à mesure qu'elles surgissent, et de les observer avec compassion. Savoir que nous sommes reliés à un grand Tout (même si nous ignorons sa nature et où il se trouve) exige une confiance immense au départ, et par la suite, une grande force intérieure.

La première fois qu'une grande expansion intérieure se produit en vous, elle peut avoir l'apparence d'une dissociation. À ce stade, même ceux qui n'ont pas été lésés commencent parfois à être ailleurs. La différence, c'est que nous restons en contact avec les messages que nous recevons, conscients de notre corps et de nos pensées sur le processus. Nous devenons plus grands que notre nœud émotionnel, mais nous ne fuyons pas. Nous refusons de nous laisser distraire par nos modes de pensée habituels. Nous nous relions plutôt à l'amour divin, persuadés que seule notre Source peut nous guérir véritablement. Avec humilité, nous accueillons nos souvenirs, notre méfiance et la trahison envers nous-mêmes et autrui avec la même bonté que nous aurions pour un enfant malade ou un ami dans le besoin.

En cernant notre souffrance avec notre conscience élargie, nous songeons aussi à recourir à l'aide des anges, des maîtres et des sages dans notre espace sacré. La sagesse d'avoir créé un espace sacré au départ se révèle, maintenant que nous avons besoin du réconfort et de la protection de son équilibre au milieu de notre déséquilibre. L'espace sacré devient à la fois un espace auquel on recourt pour avoir de l'aide, et un bercail intérieur où on se repose tout en explorant d'autres zones de notre esprit conscient. À présent, notre prière d'ouverture nous revient et nous donne soutien, intention et objectif.

Nous traversons le pont du pardon. La miséricorde vient nous accueillir, tout comme elle a accueilli le fils prodigue. Cette bénédiction dépasse largement la capacité de notre petit esprit humain, mais nous l'apprécions avec vénération. En nous avançant sur le pont, nous sentons la douce caresse de la Mère divine, au-delà de nos fausses impressions de séparation, en nous appuyant sur l'Unique.

Chapitre 7

# Cinquième étape — À l'écoute des messages cachés

Jusqu'à maintenant, vous avez atteint la contraction de votre souffrance dans votre corps et avez commencé à l'explorer. Vous l'avez décrite et avez continuellement assumé tout malaise, par la respiration, de façon à rester présent. Vous avez demandé l'aide de votre équipe de conseillers spirituels et puisé des forces à même l'espace sacré que vous avez créé au début de votre séance. À présent, il est temps d'écouter en profondeur votre corps et votre esprit alors que votre nœud émotionnel révèle ses messages cachés.

## Les réactions et les réponses à l'ego

Un grand nombre des traditions sacrées, culturelles et psychologiques du monde explorent le phénomène de « l'esprit divisé ». C'est notre esprit unifié et sanctifié, créé par Dieu, qui est divisé en deux segments de façon à former une dualité. Comme le décrit *Un cours en miracles,* l'esprit divisé est une illusion à l'effet que nous croyons être séparés du grand Tout. Puisque la séparation ne s'est jamais vraiment produite, nous vivons dans un monde insensé, où ce qui paraît réel ne l'est pas, et ce qui est réel semble caché. *Un cours en miracles* explique aussi que la création de Dieu, qui découle de l'amour parfait, est éternelle, désirable, abondante et à jamais fidèle. Le texte met en contraste la création divine par rapport à ce que l'ego en a fait. Il dit que l'ego fait un « rêve malheureux ». Dans ce rêve, nous plaçons toute la peur, la souffrance et l'illusion que nous éprouvons lorsque nous croyons à la séparation et à sa solitude.

Puisque nous avons fabriqué notre souffrance, nous sommes les seuls à pouvoir la défaire. Puisqu'en vérité, nous sommes sanctifiés – et, par conséquent, absolument responsables de nous-mêmes –, nous devons libérer et guérir toute fausseté en l'offrant à la seule source véritable de vie. Telle est la voie de l'équilibre mental, du service et du paradis sur terre.

« Un esprit divisé ne peut percevoir
sa plénitude et a besoin que le miracle de son
entièreté se fasse jour en lui et le guérisse. »
– *Un cours en miracles*, chapitre 7 :
Les dons du royaume

Parce que l'ego fait partie du matériel de fonctionnement normalisé sur cette planète, nous pouvons tenir pour acquis que le vôtre est bien portant. Il fonctionne à temps plein, recréant constamment pour vous l'illusion d'une existence séparée ; c'est-à-dire qu'il joue son rôle, tout en étant dans l'illusion que Dieu est dangereux et peu fiable – et que, par conséquent, la vie est aussi dangereuse et peu fiable.

En commençant à reconnaître les caractéristiques de l'ego, nous commençons à nous raconter des histoires sur ses raisons d'agir ainsi, et si c'est une « bonne » ou une « mauvaise » chose. Nous avons plusieurs choix concernant notre perception de l'ego et nos attitudes fondamentales à son égard. Examinons-les ici.

### *Choix 1 : L'ego est mauvais, par conséquent, nous devons nous en débarrasser*

Étant donné qu'on décrit parfois l'ego comme un « corps de souffrance », certaines personnes vont jusqu'à suggérer de l'éliminer. (Ce n'est pas ce que suggère Eckhart Tolle, mais certains le font quand même.) Ils veulent se débarrasser de l'ego pour enfin ressentir la paix. Parce qu'il est responsable de tant de souffrance, ils estiment qu'il mérite de mourir ! Même si c'est une réaction compréhensible, remarquez que celle-ci nous positionne directement sur le champ de bataille. Pour revenir au chapitre 6, nous voyons que le fait de jeter le blâme sur l'ego et de lui donner « tort », c'est choisir l'option 2 : combattre la douleur. Nous optons pour le principe du « Va-t-en, saleté ! » parce que nous avons encore vu une MAUVAISE chose dans la vie.

Si c'est l'attitude avec laquelle vous écoutez les messages de votre douleur physique, émotionnelle et mentale, vous tenterez naturellement de vous mesurer à eux. Vous voudrez qu'ils changent, car vous tiendrez pour acquis qu'ils sont mauvais dès le départ. Vous verrez un reflet de votre croyance selon laquelle QUI VOUS ÊTES a tort, est mauvais, immoral ou méchant au départ. Ce n'est pas ainsi qu'on se laisse porter par le courant de l'amour – ce n'est qu'une façon familière de rester sur la rive en faisant semblant de nager. Mais nous savons tous que faire semblant, ce n'est pas vraiment plonger et se mouiller ! Restez à l'affût des habitudes de combat contre l'ego. Elles peuvent surgir à maintes reprises.

### *Choix 2 : L'ego est notre champion et protecteur*

Une autre façon populaire de décrire l'ego, c'est d'en faire notre champion et protecteur, un allié essentiel sur notre voie spirituelle. Comment aurions-nous jamais pu avancer sans lui ? Pourquoi développer un ego si c'est pour le démanteler plus tard ? Ou peut-être avons-nous besoin de garder des vestiges d'un ego alors même que nous entamons notre parcours spirituel – la vieille approche du « fais confiance à Dieu, mais attache d'abord ton chameau ». Selon ce point de vue, nous croyons à la gloire de l'individualité, et pour rien au monde on ne voudrait rater *ça*.

Ce camp apprécie l'ego en tant que gardien. Il sert au sens freudien du surmoi, qui recouvre notre ça (le petit monstre déchaîné). Nous n'avons qu'à lui enseigner les bonnes manières et à lui dire de rester assis tranquille dans un coin, et tout ira bien.

Même si pour vivre ici sur terre, nous avons besoin d'un esprit et de capacités intellectuelles efficaces, notre intellect n'a pas à mener le bal. Une fois que nous avons consciemment choisi un contact direct avec le pardon, notre esprit est au service de notre être véritable, et non l'inverse. Alors, voyez si vous êtes attaché à votre ego pour garder une impression de prouesse mentale ou quelque apparence d'équilibre. L'ego n'est pas le lieu de la raison, mais il peut en avoir l'air – si vous croyez ce que le monde extérieur vous dit depuis votre naissance.

### *Choix 3 : Observez ce qui est, sans l'évaluer*

À mesure que vous approfondissez votre introspection, je vous encourage à observer sans juger. Remarquez bien : dès que nous commençons à catégoriser l'ego, nous en faisons automatiquement partie. Si nous voulons donner tort à l'ego, alors nous allons le combattre. Et si nous trouvons mal de lui donner tort et commençons plutôt à le défendre, nous plaiderons tout de même en faveur du maintien de la séparation, ne serait-ce qu'à un niveau subtil.

Comme nous le rappelle la vieille expression sanscrite, il est « *neti neti* » – ni ceci ni cela. Ni bon ni mauvais. Il *est*, tout simplement. Nous avons un ego, jusqu'à ce que nous n'en ayons plus. Que pouvons-nous en apprendre ?

Il se produit ou non une expérience d'unité. Être sur une voie spirituelle se résume au choix que nous ferons entre ces possibilités, d'instant en instant. Si nous nous concentrons avant tout sur l'unité, nous pourrons discerner la vérité sur les messages que nous recevrons des nœuds émotionnels que nous trouverons en nous. Sinon, nous deviendrons désorientés ou nous retournerons à nos mensonges familiers et confortables, et recyclerons notre douleur au lieu de la libérer.

L'unité recèle d'innombrables couches de création, emboîtées en une structure fractale, comme des poupées russes qui s'insèrent les unes dans les autres. C'est là que nous trouvons des niveaux d'individualité – des personnes, des familles, des vies séparées, et des langues, des cultures, des sexes, des époques et des endroits distincts. Tout cela s'ajuste sans discussion, sans récrimination. L'apparence d'individualité est une autre manifestation de l'œuvre constante et infiniment créative du Divin. C'est l'Unique qui s'élève sous des formes multiples, les « dix mille choses » des bouddhistes. Nous pouvons nous considérer comme d'innombrables vrilles d'expérience consciente en jeu dans la matrice de l'Être.

## La première couche de messages

À mesure que nous approfondissons notre sincère exploration de la souffrance, nous rencontrons d'abord les messages de l'ego. Cela représente le niveau supérieur de notre esprit ; comme ces messages se trouvent près de la surface, ce sont les plus faciles à trouver. Ce que nous en faisons après les avoir trouvés variera selon que nous aurons choisi de combattre, de défendre, ou de tout simplement *observer* l'information que nous recevons.

L'une de mes clientes, Cindy, en est un exemple typique. Cindy a eu une enfance affreuse. Sa mère, son père, son beau-père et son voisin ont tous joué des rôles néfastes dans sa vie. Sur le plan de l'âme, les liens entrecroisés de sa famille spirituelle lui sont devenus de plus en plus clairs au fil de notre travail. Voici son histoire.

Durant son enfance, Cindy a été victime d'agressions verbales, physiques et sexuelles. Tout s'est relativement bien déroulé jusqu'à ce qu'elle ait environ six ans, alors que sa mère a divorcé de son père et s'est remariée. Le nouveau mari était un avocat respecté de la communauté. Ce que Cindy a bientôt découvert, cependant, c'était que son nouveau beau-père était aussi un pédophile. Il a commencé à agresser Cindy sans merci. Au lieu de la protéger, la mère de Cindy est devenue jalouse de l'attention sexuelle que son nouveau mari prodiguait à sa fille. La famille entière a caché cette terrible violence derrière des portes closes. Cindy se retirait dans sa chambre et se protégeait du mieux qu'elle pouvait.

L'une des stratégies majeures de l'ego de Cindy était d'être la « fille parfaite » : passive, docile, et s'esquivant pour un rien. Elle a pris l'habitude de protéger ses arrières, qu'elle a gardée à l'âge adulte. Afin de survivre, elle a enfoui sa rage au fond d'elle-même pour ne plus la sentir consciemment. Heureusement, elle avait un talent pour la musique, et sa guitare est devenue une précieuse alliée. Elle passait de longues heures seule dans sa chambre à gratter les cordes de sa guitare en rêvant.

Cindy a fini par grandir, elle a quitté la maison et commencé sa vie. Elle a essayé différentes formes de thérapie qui l'ont aidée à entrer en contact avec une partie de sa rage. Elle a confronté sa mère à propos des abus qu'elle avait subis, et a coupé tous les liens avec son beau-père.

Lorsque nous avons commencé ensemble la thérapie du pardon, Cindy était à la mi-trentaine, et vivait avec son chat dans un petit appartement. Elle était malheureuse. Étant donné qu'elle avait retenu de toutes ses relations, y compris avec ses patrons et collègues de travail, un comportement fondé sur le sabotage à répétition, elle n'arrivait pas à garder un emploi. Les choses commençaient bien, puis dégénéraient rapidement. Avec chaque emploi et chaque relation amoureuse, Cindy revivait continuellement les schémas comportementaux de son enfance.

À mesure que nous explorions doucement ensemble, Cindy a commencé à toucher les nœuds de désespoir et de douleur qui s'étaient formés en elle. Elle les sentait dans son corps, ses émotions et son esprit. Courageusement, elle a retiré des couches de déni, et a pu descendre jusqu'aux couches profondes de croyances qu'elle avait adoptées à propos d'elle-même et de son monde. Elle a utilisé la SOB pour s'aimer telle qu'elle était, avec franchise, ouverture et bonne volonté.

Comme on pouvait s'y attendre, Cindy a découvert plusieurs messages qu'elle avait enfouis depuis des années. Je veux souligner — avec insistance — que même si je prends Cindy comme exemple, j'ai aussi reçu personnellement les mêmes messages qu'elle, ou je les ai entendus se manifester chez d'autres clients. *Autrement dit, les messages de l'ego que nous recevons sont universels et archétypaux. Ils proviennent du besoin constant de l'ego de maintenir un état d'esprit qui sépare, divise, compare, attaque et défend.*

## Les projections

Puisque Cindy avait vécu tellement de traumatismes dans sa vie – agressée par sa mère et son beau-père, et abandonnée par son père –, on pourrait penser que ses messages intériorisés seraient dirigés vers l'extérieur – que les messages, en sortant, ressembleraient à « Je te déteste ! » et « Tu m'as trahie ! ». La personnalité humaine de Cindy connaissait bien ces pensées, mais ce n'étaient pas des messages cachés – c'étaient les modes de pensée évidents auxquels elle avait fait de la place dans son esprit, jour après jour. Ces pensées étaient dirigées vers les autres dans la vie de Cindy, et elle leur jetait le blâme par la colère et le ressentiment.

Vous aussi, vous remarquerez que vos pensées conscientes tournent autour de vos histoires de victime ou de coupable. Ces projections sont des récits de malheur qui, lorsque nous les croyons et créons toute une vie autour d'eux, nous apportent une douleur et un chagrin constants. Si vous n'avez pas pardonné à un ex-amoureux ou à un ex-conjoint une séparation douloureuse, si vous blâmez encore vos parents pour la façon dont ils vous ont élevé, si vous croyez qu'on vous a escroqué de l'argent ou une promotion de carrière, ou même si vous n'avez pas encore examiné et libéré la douleur d'un crime violent, vous aurez des pensées de récrimination et de revanche (parfois subtiles) et des sentiments de colère, de peur et de ressentiment. Ces pensées et sentiments sont dirigés vers les autres personnes impliquées, et cela inclut aussi le complexe de victime ou de coupable. Rien n'est caché ici — sauf peut-être la profondeur de votre attachement à votre histoire, comme faisant partie de votre identité.

## L'apitoiement sur soi associé au blâme

Remarquez le rôle important que joue l'apitoiement sur soi dans le maintien d'un scénario de blâme. En fait, vous vous apitoyez peut-être sur vous-même chaque fois que vous vous plaignez de la vie. Il est facile de se lamenter, de s'identifier à ce « pauvre petit moi ». L'apitoiement sur soi peut engloutir des jours ou des semaines dans un bourbier de dépression ou de colère. Vous pouvez avoir l'habitude de parler de votre sentiment de victime à vos amis, et vos amitiés sont peut-être basées sur le blâme mutuel des autres. Cela libère dans votre système sanguin un torrent biochimique de cortisol et d'adrénaline qui peut être dangereusement addictif. C'est une façon commode de vous accrocher à des pensées habituelles à propos de votre situation malheureuse, de les projeter sur les autres, et de ne jamais vous regarder en face dans le miroir.

Si vous observez votre façon de parler, cela vous donnera de précieuses informations sur votre relation avec l'apitoiement. Dites-vous des choses comme « On m'a vendu » (une image d'esclavage), « Je l'ai dans le derrière » (une image de peur reliée au chakra racine ou de survie), « On m'a monté un bateau » ou « Je me suis fait poignarder dans le dos » ? Écoutez pour voir comment vous utilisez le langage et vous verrez une partie de votre tendance inconsciente au blâme et à l'apitoiement sur vous-même.

Puis, décidez si vous voulez changer vos paroles de façon à ce qu'elles reflètent une conscience plus élevée.

Même si je parle très franchement ici, je ne tente pas de mépriser ni de diminuer la douleur que vous avez vécue pendant une période affreuse de votre vie. Je demande avec compassion : « Voulez-vous la garder ou la lâcher ? »

## Décider d'aller plus loin

Si vous voulez, écrivez dans votre journal intime vos projections, mais puisque vous avez raconté votre histoire à la deuxième étape, elles sont peut-être déjà incluses dans votre processus. Ce que nous cherchons ici, à la cinquième étape, ce sont les messages cachés que vous avez reliés à cette histoire, mais dont vous n'étiez pas conscient auparavant. Vous les trouverez enfouis dans votre corps, à l'intérieur des contractions reliées à la peur que vous avez trouvées à la troisième étape. En offrant de la compassion, à la quatrième étape, vous avez permis au blocage de s'adoucir. Cet adoucissement ouvre la porte à l'écoute, à la découverte et à l'apprentissage.

Vous verrez que les messages concernent davantage ce que vous pensez de vous-même – à cause des présuppositions que vous avez faites sur votre vie et sur la vie en général – que ce que vous pensez des autres. *C'est pourquoi le pardon de soi est l'acte de guérison le plus profond.* La compassion nous éloigne de la haine de soi, en la guérissant par le pouvoir de l'Esprit. Mais avant que l'on puisse se purifier dans l'eau bénite du courant de l'amour, nous devons être conscients de nos blessures et affronter la pleine mesure de leur force destructrice.

## Révéler des messages cachés

Trouver les messages cachés nous rend conscients du travail de l'ego qui consiste à maintenir et enjoliver la fausse expérience de séparation. Lorsque vous connaîtrez vraiment la voix de votre ego, vous la reconnaîtrez plus clairement pendant le reste de votre vie, et vous vous libérerez de la croyance en ses promesses.

Les messages cachés qui suivent ne sont que des exemples. À mesure que vous explorerez vos propres nœuds de souffrance, vous trouverez la voix de votre ego, et je peux vous assurer qu'elle sera identique ou très semblable à celle de Cindy. Mais de grâce, ne vous égarez pas en comparant votre liste à celle-ci, car ce que vous trouverez sera parfait pour vous au moment où vous le découvrirez. Consolez-vous plutôt en sachant que vous n'êtes pas seul et que la cruauté de ces messages ne veut pas dire qu'il y a quelque chose d'affreux en vous. Quiconque a un ego (en fait, à peu près nous tous) a affaire, du moins en partie, à ces pensées et aux sentiments pénibles qu'elles engendrent.

Nous partageons tous l'obscurité froide et humide du monde de l'humanité et la brillante lumière du monde de la vérité divine. Les deux sont au service de notre éveil. Lorsque nous sommes intensément à l'écoute des messages cachés qui étaient à l'intérieur de notre douleur, nous faisons preuve du courage nécessaire pour transformer notre sens des réalités. Ce changement est essentiel à notre bonheur et à notre équilibre.

### Les messages universels de l'ego, tels que reçus par Cindy (et des milliards d'autres)

- Je n'ai pas d'importance.
- Mes sentiments ne comptent pas.
- Je ne suis pas en sécurité.
- Je suis de trop.
- Je me sens abandonnée et trahie.
- Je ne suis rien.
- Je ne mérite rien.
- Je ne suis bonne à rien.
- Je dois tâcher d'être invisible.
- Je suis gênée et j'ai honte.
- La vie est injuste à mon égard.
- Je ne reçois aucun soutien.
- Je n'ai pas le droit de respirer.
- Je ne fais qu'occuper un espace.
- Il n'y a pas de place pour moi.
- Je ne peux pas profiter de la richesse de la vie.

- Il faut que je sois une bonne fille (ou un bon garçon).
- Tout le monde me rejette.
- Je n'ai rien accompli dans la vie.
- Je perds ma vie.
- Je déteste Dieu.
- Dieu me déteste.
- On a abusé de moi parce que j'étais mignonne (ou mignon).
- La mort est la seule façon d'en sortir.
- C'est trop.
- Je me sens dévastée.
- Je suis écrasante pour les autres.
- Personne ne va m'aider.
- Personne ne se soucie de moi.
- Je dois être douce et gentille, ou me la fermer.
- J'ai dû agir terriblement mal.
- Je ne peux pas réussir.
- J'ai le cœur brisé.

« J'ai dû agir terriblement mal » est l'un de mes préférés. En prenant peu à peu conscience de mon processus intérieur, j'ai retrouvé cette pensée au fond d'un tas d'expériences émotionnelles. Sous l'anxiété, la peur et le doute de soi, ce message entre presque toujours en jeu. Selon moi, cette pensée remonte à ma tendre enfance, et peut-être aussi à des vies passées. Elle a survécu pendant plus de 45 ans et est devenue une vieille amie. Lorsque cette pensée honteuse apparaît, je sais tout de suite que j'ai abandonné mon vrai moi, et il me fait signe de plonger, de me mouiller, et de me laisser flotter jusqu'au bercail de mon lien spirituel.

Dans cette liste, Cindy a dévoilé les trois peurs universelles dont parle l'auteur Gregg Braden concernant la condition humaine : la peur de l'abandon (je ne suis pas digne d'être aimé), la peur d'être sans intérêt (je ne suis pas assez bien), et la peur de s'abandonner (je ne peux pas faire confiance)[16]. De plus, la liste met à nu des pensées cruelles : « Je ne suis pas fiable », « On ne me pardonnera jamais », « Je ne vivrai jamais de vraies relations », et « C'est sans espoir », et elle se termine par « Je me sens seule et désespérée. J'ai peur, je suis faible et je crains l'avenir. »

Ouf, c'est affreux ! Oui, c'est ce que contient notre « part d'ombre », et nous devons examiner cela avec amour et compassion si nous voulons un jour guérir. À l'intérieur de ces pensées de haine de soi se trouve ce qu'*Un cours en miracles* appelle le désir de créer une « relation particulière » dans laquelle l'ego règne sur notre monde. Comme nous le dit le Cours au chapitre 24 (Le but de la particularité) : « La particularité fait toujours des comparaisons. Elle est établie par un manque qui est perçu par un autre manque, et elle est maintenue en cherchant et en

16. BRADEN, Gregg. *La divine matrice*, Outremont, Éditions Ariane, 2007.

gardant bien en vue tous les manques qu'elle peut percevoir. » En voulant être particulier (particulièrement bon ou particulièrement mauvais), nous avons inconsciemment confié les rênes à notre ego – et à cause de cela, nous vivons peut-être l'enfer.

Parfois, les gens me demandent : « Pourquoi l'ego tente-t-il de nous garder séparés ? Quand et pourquoi l'ego a-t-il commencé ce stratagème ? » Ce sont toutes de grandes questions qui peuvent nous mener à des discussions profondes. Beaucoup de philosophes et de maîtres spirituels les abordent. Je choisis de ne pas le faire, tout simplement parce que je ne connais pas les réponses. Il existe beaucoup de possibilités et de théories, mais ce ne sont que des théories. Alors, jusqu'à ce que l'Esprit me montre des réponses sûres, je continue d'être pragmatique : je pardonne.

## Tout pardon est pardon de soi

Lorsque j'ajoute foi à la pensée que « j'ai dû agir affreusement mal », il est temps pour moi de plonger dans le courant de l'amour, car j'ai besoin de me désaltérer à l'eau fraîche de la grâce qui guérit tout. Ici, je dois choisir de séparer la vérité de la fausseté, car sur le plan de l'âme, je n'ai *pas* agi terriblement mal. Il n'est pas vrai que je suis une créature coupable et lamentable, indigne d'amour. Contrairement à tous les messages que j'ai reçus à propos de mon identité, sur le plan le plus profond, je suis pure et parfaite, je suis l'essence de la lumière, tout comme vous, peu importe ce que vous avez fait ou vécu.

Comme nous sommes tous responsables des actes de notre vie, corriger nos erreurs devient essentiel à notre paix intérieure. À mesure que nous nous éveillons, nous voulons nous tourner avec amour vers des gens que nous avons peut-être blessés dans le monde de l'humanité. Aussi, dans le monde de la vérité divine, en tant qu'âmes, nous sommes éternellement aimés, éternellement aimables, et totalement en paix. Nous sommes faits des mêmes bonnes choses que l'Éternel, qui ne peut créer ce qui ne correspond pas à sa vraie nature. Puisque le Divin est pur amour, les attributs de la création – et de chacun de nous – sont aussi parfait amour.

Lorsque nous repassons la liste des messages cachés, nous voyons que ces pensées affligeantes constituent une condamnation de soi et mènent à des états émotionnels de honte, de culpabilité et de peur. Ainsi, nous voyons que *tout pardon est, en définitive, pardon de soi,* car dans notre esprit, nous avons traduit chaque événement traumatique en une histoire personnelle de blâme de soi et de confusion. À l'origine, bien des épisodes de peur et de douleur se sont produits lorsque nous étions des bambins dénués de pouvoir personnel et d'une maturité suffisante, ce qui a amplifié l'expérience de notre ego selon laquelle « c'est à cause de moi, tout ça, c'est de ma faute ».

Ce qu'il nous reste à faire – si nous voulons nous libérer –, c'est de transformer notre idée de soi malade et pitoyable en quelque chose d'un ordre entièrement différent. Puisque les problèmes ne peuvent se résoudre au niveau du problème, nous devons viser un plus grand champ de possibilités et tendre vers une vibration de conscience plus élevée.

En plongeant dans le pardon, nous pouvons transformer nos messages intérieurs — mais seulement si nous les examinons de façon à distinguer le vrai du faux. Nous devons mettre au jour les idées fausses qui se cachent dans notre esprit en se faisant passer pour la vérité. C'est l'une des raisons pour lesquelles nous devons trouver les messages cachés que nous avons vécus, peut-être depuis des vies entières, à l'intérieur de ces nœuds de douleur et de peur. Nous devons démasquer les imposteurs et tirer des leçons de toute cette comédie, afin de pouvoir séparer la vérité des mensonges, de la tromperie et de la simple ignorance.

## L'esprit dans la matière

À certains moments, la vie reflète parfaitement notre esprit, et si nous sommes attentifs, nous verrons le message droit devant nous. Par exemple, lorsqu'elle est devenue sincère et courageuse avec elle-même, Cindy a vécu une expérience incroyable. Voici une partie de son histoire, telle qu'elle l'a racontée :

> Pendant mon travail auprès d'Ana, bien des choses se sont produites autour de mon énergie personnelle, à mesure que j'affrontais et que je guérissais des croyances dans ma vie. L'une de ces expériences de changement d'énergie concerne le paillasson de mon entrée. Je m'étais sentie menacée et harcelée par mes voisins. J'essayais de

me lier d'amitié avec eux, et quand ça se gâtait, je ressentais envers eux beaucoup de colère que j'enfouissais. J'étais fatiguée de faire semblant d'être le paillasson super « gentil ». Lorsque mes relations empiraient avec mes voisins, ma voisine s'approchait de ma porte et donnait un coup de pied sur mon paillasson ! Je savais bien que c'était elle, sans jamais l'avoir vraiment vue faire.

Un jour, alors que j'étais vraiment en colère contre elle pour avoir écrit de fausses accusations à propos de moi à notre conseil d'administration, je lui ai « jeté » toute mon énergie de rage à travers le mur qui séparait nos appartements ! Ce jour-là, au cours d'une séance avec Ana, j'ai décidé de ne plus être le paillasson de tout le monde. Ma vie avait un but beaucoup plus grand et valorisant. En allant me promener, un peu plus tard, j'ai remarqué que ma voisine avait botté mon paillasson et l'avait projeté dans les buissons ! Alors, je l'ai ramassé et l'ai jeté à la poubelle. Il n'y avait plus de paillasson à frapper ! Plus tard ce soir-là, un camion de déménageurs est arrivé, et mes voisins sont partis. Merci, Dieu Tout-Puissant. C'était fini !

En fait, ces voisins malveillants ont fait une autre apparition, plus tard dans la vie de Cindy, car elle n'avait pas terminé comme elle le croyait. Projeter de la rage sur les gens, ce n'est pas en finir avec eux, et Cindy a bientôt appris qu'elle aurait beaucoup plus d'occasions de guérison devant elle. Mais l'histoire du paillasson illustre ce que j'explore ici à propos des messages cachés. Cindy avait un message intérieur qui disait : «Je suis un paillasson. Je suis là pour qu'on me marche dessus. Je suis sans intérêt.» Finalement, elle a été capable de voir clairement cette pensée, et a décidé de ne plus lui accorder sa force vitale. Le paillasson — littéralement, l'accès à son entrée principale — est devenu un symbole qu'elle pouvait comprendre et avec lequel elle pouvait travailler physiquement. Dès qu'elle a jeté son paillasson à la poubelle (à la fois dans son esprit et dans sa réalité physique), des choses ont immédiatement changé dans sa vie.

Vous rappelez-vous ce que nous avons appris à propos de la neuroscience ? Cindy voulait sincèrement changer, et elle a utilisé la SOB et le pardon pour transformer les réseaux neuronaux de son cerveau. Elle est également entrée en contact avec l'intelligence de son cœur et de ses cellules, et les a graduellement mis au même diapason. Elle n'admettait plus de se considérer comme un paillasson, et cela a fortement transformé son regard sur la vie. Étant donné qu'elle ne se percevait plus comme une personne sans défense, tout son univers s'est réaligné de façon à la rencontrer dans un nouvel espace.

Comme le disait la scientifique Candace Pert : «Nos émotions guident littéralement nos yeux… Nous voyons ce que nous nous attendons à voir[17].» Cindy s'est donné le défi de défaire les mailles d'une vie entière d'agression et de haine de soi. Elle a modifié ses attentes, et d'étonnants miracles se sont mis à arriver.

Nous ne voyons pas toujours apparaître dans notre monde matériel des corrélations aussi parfaites et directes

17. Candance Pert dans le documentaire *People v. The State of Illusion.*

avec notre monde intérieur, mais une dynamique similaire est toujours à l'œuvre sur les plans plus subtils de notre psyché. Alors, même si vous n'avez pas vécu d'expériences aussi évidentes que l'histoire du paillasson de Cindy, regardez en vous pour trouver vos messages cachés. Cela en vaut le temps et l'énergie, car cette étape vous apportera la liberté, en vous permettant de relâcher ce qui n'est pas vrai et ne l'a jamais été, et en revendiquant plutôt la vérité.

## Du soutien au moment de plonger

Avez-vous déjà nagé dans les eaux claires d'un lac des Alpes ? J'habite dans les montagnes de la Californie du Nord, où des lacs cristallins nous attirent tout l'été. Mais soyons clairs : dans les hauteurs, cette eau est glaciale ! On dirait parfois que le froid me brûle la peau. J'aime me mettre au défi d'entrer dans cette eau froide et d'y rester aussi longtemps que possible, bien que cela ne soit pas tout à fait relaxant, je dirais. Pour me mouiller, j'ai besoin d'une journée vraiment chaude, et même alors, je barbote quelques secondes en poussant des gémissements hystériques, puis je m'élance aussitôt sur la rive. Cela donne toujours une profonde sensation de purification, et vaut bien l'effort.

Le parcours qui consiste à trouver vos messages cachés peut ressembler à cela, surtout les premières fois. Cela donne la même sensation qu'un plongeon et peut vous paraître très déconcertant, particulièrement si vous avez enfoui vos émotions en profondeur pour étouffer les messages cachés d'une vie entière (ou peut-être de plusieurs vies). Ce profond processus d'écoute demande du courage, de la patience, de la persistance et beaucoup de compassion. Si vous en avez peu, invoquez votre concile d'enseignants spirituels, d'anges, de maîtres et de saints. Ils peuvent vous aider à ressentir de la compassion, pourvu que vous y croyiez. Ralentissez, respirez, mettez-vous en phase avec votre corps, et écoutez votre souffrance.

Découvrez les messages cachés enfouis dans vos nœuds de souffrance. Écrivez-les, dites-les à haute voix, ou exprimez-les à un ami ou à un thérapeute digne de confiance. Vous pouvez télécharger gratuitement un texte intitulé *My Hidden Messages* au www.anaholub.com, qui n'est que l'abrégé suivant, sous forme numérique.

### Mes messages cachés

1. La zone de mon corps dans laquelle je sens une douleur ou une contraction est […].
2. À mesure que je ralentis, que je respire profondément et que j'explore, j'offre de la compassion et de l'amour à cet endroit de mon corps. Graduellement, j'entends le nœud me dire…
   À propos de moi-même : […]
   À propos des autres : […]
   À propos de la vie : […]

Rappelez-vous d'observer ces pensées et d'en tirer des leçons au lieu de les combattre, de les protéger, de les juger ou de faire de même avec vous. Contentez-vous d'apprendre et d'explorer dans un état d'esprit de découverte et de curiosité.

Si votre nœud émotionnel se déplace ailleurs, continuez tout simplement, en répétant ces étapes à mesure que vous suivez la sagesse de votre corps. Continuez de vous adoucir, de respirer, de vous ouvrir et d'apprendre !

Chapitre 8

# *Sixième étape — Lâcher prise*

Il faut lâcher prise. C'est très bien… mais *comment ?* J'ai un ami qui est un merveilleux enseignant. Lorsqu'un participant à une séance de groupe lui demande comment lâcher prise, il lui lance sa bouteille d'eau. Quand le participant attrape la bouteille, il lui dit : « Bon, maintenant, lâche-la. » Le participant lâche la bouteille et elle tombe sur le plancher.

C'est un pertinent exemple physique de lâcher-prise. Mais comment laisser tomber une chose à laquelle nous sommes attachés à travers nos croyances et nos émotions ? Même si notre esprit peut intellectuellement comprendre l'idée que « tout ça est une illusion », notre corps émotionnel pourrait avoir besoin d'aide pour libérer une chose à laquelle nous sommes vraiment attachés. Nous avons créé dans notre cerveau des réseaux neuronaux, des habitudes mentales, et nous devons les désapprendre pour en former de nouveaux.

## Apprivoiser sa colère

Si vous ressentez une grande colère dans votre vie, vous la trouverez sans doute vivante dans le nœud émotionnel ou physique que vous avez découvert dans votre corps. Au cours du processus de libération, il est essentiel de comprendre que la colère est ce qu'on appelle une « émotion secondaire ». Vous ressentez de la colère, mais elle n'existe pas en soi. Il y a toujours d'autres croyances et des émotions correspondantes qui hibernent en dessous.

Lorsque vous libérez votre colère, attendez patiemment que les émotions sous-jacentes – honte, chagrin, peur, culpabilité, indignation, impuissance et désespoir – montent aussi. Si vous avez l'habitude d'exprimer de la colère jusqu'à en faire votre mode de vie, je vous encourage à avoir recours à un professionnel. Un comportement colérique peut représenter un danger pour vous et votre entourage (y compris vos animaux de compagnie, les conducteurs sur la route, vos enfants, vos partenaires amoureux, vos collègues de travail, et cette chère Terre Mère).

Actuellement, nous vivons dans deux mondes, même si seul le monde divin est réel. Cela veut dire que nous devons prendre la responsabilité de nos habitudes et, au besoin, chercher de l'aide. Tout comme pour n'importe quelle autre affection ou maladie en ce monde, l'Esprit peut vous guérir. Et il n'y a rien de mal à obtenir de l'aide en cours de route. Priez et vous serez guidé vers le soutien dont vous avez besoin. Comme nous le rappelle *Un cours en miracles* : « N'oublie pas aujourd'hui qu'il ne peut y avoir aucune forme de souffrance qui ne cache une pensée qui ne pardonne pas. Pas plus qu'il ne peut y avoir une forme de douleur que le pardon ne puisse guérir. » (Livre d'exercices, leçon 198)

Une chose est certaine : si vous éprouvez beaucoup de ressentiment, d'irritation chronique ou de tension dans votre vie quotidienne, vous trouverez une importante matière fertile avec laquelle travailler sur la voie du pardon. Voilà une raison supplémentaire de plonger dans le pardon avec toute la force de votre sincérité ! Vous pouvez changer la férocité de votre colère en un désir ardent et sans compromis de vérité à chaque instant de votre vie. Cette attitude s'appelle parfois le « guerrier pour la paix », bien que je n'aime pas trop cette expression. Ceux qui se laissent porter par le courant et voguent joyeusement vers l'océan de la béatitude divine ont laissé derrière eux toute velléité guerrière. Nous sommes des nageurs, plus du tout des guerriers.

En réalité, quiconque a un ego intact souffre de désillusion et de colère. Cette colère est habituellement réprimée pour que nous puissions « bien nous entendre » avec les autres et avec notre vie restreinte. Pour éviter la brûlure de la rage et du désespoir, de la peur et du chagrin qui sont tapis en nous, beaucoup tombent en dépression et dans diverses formes de dépendance. Cela nous procure une couche tampon très efficace d'automédication entre notre moi véritable, en tant que pure lumière, et la « normalité ». Comme nous n'avons pas résolu le fait d'avoir délaissé Dieu et de nous être trahis en tant qu'êtres bénis, nous nous accrochons aveuglément à nos illusions – et ce faisant, nous nourrissons de plus en plus notre colère.

Bonne nouvelle ! Il y a des façons de nous libérer de la colère en toute sécurité. Si vous êtes un « colérique », mieux vaut le faire avec le soutien d'un professionnel — au départ, du moins, pendant l'apprentissage. Il est essentiel d'avoir un environnement sécuritaire, dépourvu de jugement, et avec des limites de comportement claires.

Si la colère est devenue pour vous une habitude, surtout sous sa forme extrême la rage, je vous suggère d'apprendre à vous calmer en utilisant des techniques de respiration et de recentrage. Vous devrez également prendre bien soin de vous-même et rester à l'écoute quand vous aurez besoin de vous décharger, puis de recharger votre énergie par l'exercice physique, l'humour, la tenue d'un journal, le temps passé dans la nature, la prière, et les relations avec les autres. Vous devez prendre conscience des pensées de votre esprit qui déclenchent votre colère. Ce sont des pensées auto-générées qui perpétuent le cycle de l'hostilité en vous. Il est donc essentiel de vous assumer au lieu de projeter violemment le blâme et la vengeance sur votre monde. C'est alors seulement que le travail du pardon pourra s'implanter dans votre cœur et votre esprit.

Si, par contre, vous ne connaissez *pas* bien votre colère et avez de la difficulté à entrer en contact avec elle, les techniques de libération de la colère, comme celles qui consistent à frapper un oreiller (avec vos poings, une raquette de tennis ou un bâton) et à hurler à pleins poumons (là où vous ne dérangerez personne, de préférence) peuvent être immensément utiles.

## Un exercice de respiration pour se détendre et se calmer

Cet exercice de respiration est merveilleux pour rester calme, ou pour retrouver la paix après un épisode de tension ou de colère. On l'enseigne souvent dans les cours de gestion de la colère. Mes étudiants incarcérés m'ont dit que c'était le moyen le plus utile et le plus pratique qu'ils avaient appris. Si l'usage de cette technique de respiration peut aider des détenus dans le monde difficile et violent de la prison, elle peut sûrement vous aider également.

Concentrez-vous sur votre expiration. Commencez à compter en respirant. Faites des inspirations deux fois moins longues que les expirations ; par exemple, inspirez en comptant jusqu'à quatre, expirez en comptant jusqu'à huit. Ressentez toute tension dans la tête, la mâchoire, le cou, les épaules, les bras et les mains, et concentrez-vous sur le fait d'envoyer votre énergie vers vos pieds. Cela vous aidera à inclure tout votre corps, vos émotions et votre esprit, au lieu de seulement faire tourner en boucle cette tension dans la région de la tête, du cou et des épaules. Sentez votre cœur et respirez par le milieu de votre poitrine, en nourrissant votre cœur physique autant que votre cœur spirituel d'oxygène et de force vitale. Sentez la force de la terre qui vous soutient.

Répétez votre respiration relaxante aussi souvent que nécessaire, jusqu'à ce que vous commenciez à vous calmer. Gardez cette respiration jusqu'à ce que vous sentiez un changement intérieur. Vous constaterez une plus grande clarté et une meilleure capacité de prise de décision après avoir terminé l'exercice.

## Même les filles gentilles se mettent en colère

Comme on m'a enseigné à être gentille pendant la plus grande partie de ma vie, j'ai été ravie, un jour, d'entrer en contact avec ma colère, au début de ma trentaine. Voici comment c'est arrivé.

Après la mort de mon père, j'étais allée voir un homéopathe classique. J'étais sûre d'avoir ce que les homéopathes appellent la « théorie des miasmes », c'est-à-dire des déséquilibres ou des distorsions de mon champ émotionnel qui étaient d'origine génétique ou qui, en quelque sorte, faisaient partie de mon lignage familial. Un grand nombre de mes ancêtres étaient morts du cancer, et le dossier médical compliqué de mon père faisait état d'une maladie auto-immune. Je trouvais intéressant d'utiliser l'homéopathie pour dissoudre mon lien à l'histoire médicale de ma famille. Mon homéopathe m'a donné un remède dans ce but, et en moins de trois jours, je bouillonnais d'une colère que je n'avais jamais ressentie auparavant. Toute l'angoisse refoulée et terrifiante de mon arbre généalogique, à travers d'innombrables générations, a commencé à bouillonner en moi.

J'ai remarqué que je criais beaucoup après ma merveilleuse fille, et j'étais suffisamment consciente pour savoir qu'elle n'était pas en cause. Inquiète, je suis sortie dans la cour pour ramasser du bois de chauffage. La fraîcheur de cette journée de fin d'hiver m'a attirée et je me suis mise à lancer des bûches de chêne et de cèdre dans la brouette. Je me sentais submergée par une telle colère que j'ai commencé à utiliser mon corps pour affronter la force de mes émotions. Je balançais les bûches si fort dans la brouette qu'elles rebondissaient ! Je m'en fichais ; il me fallait continuer, explorer ce que j'avais, bon sang ! Alors, je suis restée dehors, réjouie d'entendre le bruit du bois contre le métal, me concentrant uniquement sur la vérité du moment. Ma rage contre ma famille commençait à faire surface.

Tout en continuant de faire un tapage infernal dans la cour, j'ai pris conscience que je n'avais jamais permis à mon esprit et à mon corps d'exprimer autant de colère. C'était terrifiant, mais en même temps, on aurait dit que je donnais naissance à quelque chose. Tout comme si j'étais en travail depuis des heures, j'accouchais d'une rage, et je n'ai pas pu m'arrêter avant que les contractions prennent fin.

Graduellement, j'ai commencé à apprécier le processus. J'ai pris conscience de l'épaisse couche de déni que j'avais gardée comme un lourd couvercle par-dessus toute cette colère, et je pouvais sentir le choix tacite de mes parents de garder le déni en place dans notre dynamique familiale. J'avais peur de la colère même, car j'avais appris de ma famille et de la société qu'il valait mieux laisser cette force obscure bien cachée dans sa caverne froide et humide – surtout moi, une fille. De nombreuses couches de conditionnement jaillissaient à flot alors que je pilonnais la brouette de ces grosses bûches de chêne, une à la fois.

À partir de ce jour-là, une profonde révélation m'est apparue. Sous tout ce déni, cette peur et cette colère, j'ai trouvé un don particulier et je ne m'étais jamais rendu compte qu'il était manquant. C'était mon pouvoir personnel, celui qui s'écrie : « Je veux ça ! Je ne veux pas ça ! Je vais faire ça ! » C'était le rugissement de la lionne que j'avais tu longtemps auparavant, qui entrait en éruption en moi avec la force qui déplace des montagnes. Ce pouvoir enfin exposé avait été muré, caché derrière la chaîne côtière de la dysfonction familiale. Avec sa force de guérison, je débusquais tous les messages que j'avais reçus en tant que bonne petite fille blanche élevée dans une banlieue du New Jersey : sois gentille ; ne fais pas de vagues ; sois soumise, douce et gentille ; et ne fais pas de bruit !

La part rebelle de ma personnalité a commencé à se manifester alors que je prenais plaisir à ce grabuge. Ce pouvoir était à moi maintenant – et vlan ! OUI ! J'avais l'impression de m'être débarrassée d'un immense fardeau et de pouvoir bouger à mon aise. Mieux encore : à présent, je pouvais voir, je pouvais parler, je pouvais exprimer mes désirs au monde entier. J'avais découvert la liberté de l'expression personnelle, essentielle à la prise de conscience du moi nouvellement libre et totalement revigoré. Comment ai-je fait pour le savoir ? Je le sentais au fond de moi-même. C'était la réaction de l'âme, la danse qui permet de retirer les voiles. J'avais terminé une partie de mon dénuement nécessaire, et cela me rendait euphorique.

Voilà une façon de nous libérer de la colère qui nous permet de guérir, plutôt que de la recycler sans cesse dans un mode de comportement qui se renforce lui-même. La première forme accroît la joie et l'inspiration, tandis que l'autre mène à la violence contre soi, autrui et la nature. Vous découvrirez facilement à quelle forme vous appartenez en examinant les « fruits de vos actions », comme on dit en karma yoga. Nous ne sommes pas attachés aux fruits, mais nous remarquons vraiment ce qu'ils sont.

Se libérer de la colère, entre autres en hurlant à tue-tête, en cognant sur du métal et en donnant des coups de poing, cela peut être particulièrement gratifiant pour ceux qui répriment leur colère. Cela leur donne une façon sécuritaire d'explorer ce qui est considéré comme peut-être la partie la plus terrifiante de toute leur vie. D'un autre côté, pour quelqu'un qui a déjà l'habitude de hurler et de frapper du poing, ce genre de libération ne devrait être essayé qu'avec un professionnel chevronné. Car les réseaux neuronaux de votre esprit sont déjà établis dans de larges sentiers battus. Ainsi, pour obtenir un résultat différent de celui qu'on a habituellement, nous devons aller voir sous la colère pour découvrir les dons qui s'y cachent.

Pour certains, ce sera une prise de pouvoir, d'un pouvoir enfoui depuis longtemps. Pour d'autres, ce sera une tristesse et une vulnérabilité profondes. Graduellement, nous reprendrons tous les aspects de notre part d'ombre et les offrirons à l'Esprit Saint, en utilisant les étapes évoquées dans ce livre. Au moyen de la confiance, de la respiration, de la prière et du courage, dirigez-vous vers l'aspect de la colère qui vous semble le plus effrayant. Si vous allez vers ce qui vous est familier, vous ne ferez que tourner en boucle la substance mentale et émotionnelle habituelle, et aucune réaction de l'âme ne se produira. À vous d'user de sincérité, d'ouverture et de bonne volonté, pour explorer avec discernement afin de trouver.

## Suis-je prêt à lâcher prise ?

Plus tôt, nous avons parlé des limites de nos histoires de victime ou de coupable. Elles sont utiles dans la mesure où elles nous conduisent à nos émotions, puis elles nous donnent le choix de démentir ou de retenir les pensées illusoires que nous entretenons à propos de la vie et de la création. Lorsque nous sommes prêts à lâcher prise, nous nous rappelons que le fait de nous accrocher à nos histoires de rancœur, de blâme, de peur et de souffrance n'aura pour effet que de nous garder emprisonnés. Le passé est fini. À présent, nous nous demandons : « Suis-je prêt à lâcher prise ? »

Mais comment, alors que nous sommes tiraillés par les attaques et le besoin de se défendre, par le déni et le besoin de se protéger, pourrons-nous jamais accorder notre amour à Celui qui nous a donné la vie ? Plus précisément, comment pouvons-nous accorder notre amour alors que c'est nous qui avons produit cette situation ?

Il doit y avoir un orifice, une soupape de sûreté, une voie que nous pouvons emprunter pour dégager notre champ énergétique de cette dense vibration. Mais pourquoi suis-je moi-même certaine de l'existence de cette voie ? Parce que notre vraie nature n'est ni la colère ni le malheur. Nous avons créé d'innombrables couches de ténèbres autour de nous parce que nous avons mal interprété notre situation humaine, et par conséquent, avons commis des erreurs à la chaîne – tout comme le reste de nos frères et sœurs de l'humanité. Cela s'appelle parfois l'action du karma. Mais ce n'est pas l'ultime état des choses. Nous avons besoin de libération et de guidance.

Nous avons besoin de notre guide, l'éternel et ineffable Esprit divin.

Au cours de notre séance de dénuement, nous avons retiré de nombreux voiles de notre conscience éclairée. Mais il faut tout enlever ! C'est la seule façon pour notre cœur et notre esprit de se défaire de tout sentiment de séparation. Sinon, comment pourrions-nous comprendre et faire l'expérience directe de la paix de Dieu – le fait que nous sommes l'Esprit, en union avec tout ?

La plupart d'entre nous vont à l'école, au travail ou élèvent des enfants, ou combinent tout cela. Nous ne sommes pas destinés à passer des années dans un monastère lointain, à consacrer des heures chaque jour à la méditation et à la prière. Mais vous et moi avons besoin – avons *soif* – d'entrer en contact avec la nature compassionnelle du Divin. En nous libérant, nous nous abandonnons et trouvons le courage de plonger dans l'inconnu. Et là, vous êtes prêt à lâcher prise.

## Se libérer graduellement

Lorsque vous avez entrepris les étapes du pardon pour la première fois, vous avez offert une prière et créé un espace sacré. Vous avez rejoint l'espace sacré qui existe déjà – entre autres, pour qu'il y ait un endroit *dans lequel* vous libérer. Il est temps de vous rappeler cet aspect du processus – et de lui faire confiance avec toute la bonne volonté de votre âme.

Vous avez raconté votre histoire, éprouvé des sentiments, identifié votre nœud émotionnel, et en avez tiré des leçons. Vous avez constaté que votre ego était friand de ces faussetés qui ne vous causent que du malheur. À présent, il est temps de rejeter tout ça.

Je veux souligner ici qu'il n'est pas nécessaire de revivre tout ce que vous vous rappelez de votre histoire de victime ou de coupable. Vous ne retirerez pas davantage de guérison en passant au peigne fin tous les détails scabreux. Rappelez-vous que votre histoire est le symbole d'une construction mentale qui croit à tort que vous êtes séparé de Dieu, peu importe qu'il vous soit arrivé quelque chose d'affreux dans ce monde, ou que vous ayez fait subir quelque chose d'affreux à quelqu'un. Bien entendu, je vous encourage chaudement à agir du mieux que vous pouvez dans ce monde, mais le présent travail consiste à recouvrer la vérité éternelle de votre relation avec le Divin. Donc, utilisez les détails de votre histoire pour entrer en contact avec vos émotions, puis suivez vos émotions à l'intérieur de votre corps pour comprendre le nœud émotionnel que vous y avez créé. Puis, expirez-le, avec toute la confiance et la sincérité dont vous êtes capable.

## Comment utiliser votre respiration

À ce stade de votre processus, votre souffle est votre meilleur allié. Pour vous libérer de votre fardeau, utilisez une longue et lente expiration. Avec votre souffle, laissez extraire de votre corps les larmes, la honte, la colère, les souvenirs, la haine, la peur, la confusion, la culpabilité et autres émotions douloureuses. En expirant lentement, laissez vos cellules se détendre. En inspirant, renforcez-vous par le courage et la détermination.

À ce stade, toutefois, il s'agit nettement de mettre l'accent sur l'expiration. EXPIREZ et laissez sortir la souffrance de votre cœur, de votre esprit et de votre corps.

Pour nous libérer, nous devons nous assurer d'un endroit où mettre les émotions néfastes qui montent de nous. Dans le passé, nous avons essayé d'utiliser le blâme pour nous en débarrasser, mais nous avons tout simplement fini par ruminer comme une vache. Les libérer avec le pardon, c'est le contraire de ruminer : c'est une transformation. Pour activer celle-ci, nous devons donc nous élever au niveau de l'Esprit.

Rappelez-vous que, peu importe l'image que vous vous faites de Dieu, et qu'importe le nom que vous lui donnez, le moment est venu de l'accueillir encore plus profondément dans votre expérience. Si vous êtes adepte d'une religion, vous pouvez l'utiliser dans votre processus, mais ce n'est pas nécessaire. Nommez votre Être divin de la façon qui vous rapproche le plus de la chaleur de votre âme : Dieu, Déesse, Mère divine, Esprit Saint, Grand Esprit, Pure Conscience, ou le pouvoir et la beauté de la nature. L'essentiel, c'est de vous tourner vers une force aimante, au-delà de votre moi individuel.

## Deux images pour vous aider à vous libérer

À ce stade, la visualisation est souvent utile. Utilisez l'une ou l'autre de ces images descriptives (ou les deux) pour vous aider à vous libérer. Gardez à l'esprit que ces images ne sont pas que des idées réconfortantes, mais la vérité de l'Esprit qui vous soutient, ainsi que le monde qui vous entoure.

*L'autel*

Imaginez un autel sacré, avec une chandelle allumée, une nappe de soie blanche et des fleurs. Son énergie est l'amour pur, éternel et parfait. C'est l'autel de l'Esprit Saint, du Saint des Saints. Son amour est si pur qu'il n'y a rien dans son champ d'énergie qui ne soit aimant. En fait, l'autel habite éternellement dans votre cœur, mais pour l'instant, visualisez-le à l'extérieur de vous, afin que vous puissiez y déposer vos fardeaux, et les regarder disparaître dans la lumière.

*Le bassin d'amour divin*

Imaginez l'immensité de l'amour divin sous la forme d'un immense bassin ou océan de clémence, de compassion et de compréhension. Il vous attire toujours, accueillant et chaleureux. Ses bords sont inexistants, car il s'étend à jamais. Il y a suffisamment de place pour vous et tout ce qui pourrait émerger et qui serait à libérer. En utilisant cette visualisation, offrez toute votre souffrance, et laissez-la fondre dans l'étendue d'amour divin, où vous flottez dans l'espace sacré de votre prière. Il y a de la place dans ce lieu sanctifié pour chaque souffrance ressentie et toute fausse croyance dont vous vous êtes encombré pendant des vies d'expérience.

Que vous choisissiez d'utiliser l'image de l'autel ou du bassin, ou les deux, soyez assuré que ce lieu de refuge peut soutenir l'impact de toute votre peur et votre peine. L'amour divin est inchangeable et immuable. Il luit continuellement, peu importe ce que vous pensez ou sentez. L'Esprit vous ramène au bercail à cet endroit, et vous ne faites que libérer ce que vous avez créé pendant votre parcours (temporaire) vers la folie. Il est temps de revenir au bercail, vers la paix, en lâchant prise complètement, dans la grâce de votre vraie nature.

Que vous choisissiez d'utiliser l'image de l'autel ou du bassin de l'amour divin pour vous aider, l'objectif principal de la libération est de laisser votre souffrance émerger sans jugement. Elle vient pour vous guérir et pour vous renseigner à propos d'elle. Faites-la sortir de votre cœur, de votre esprit et de votre corps en expirant. Après, elle ne sera plus là.

### Se libérer, une respiration à la fois

- En plongeant au plus profond de vous, faites appel à votre sincérité, ouverture et bonne volonté pour faire tout ce qu'il faudra afin de relâcher votre problème irrésolu et non pardonné.
- Avec patience et compassion, laissez monter des profondeurs de votre psyché, de votre corps et de votre esprit toutes vos émotions, sensations et pensées à propos de ce problème ou de cette relation.
- En vous concentrant sur votre respiration, libérez la souffrance de vos muscles, de vos organes, des membranes de vos cellules, de l'espace entre les cellules, de votre plasma et de vos os.

- Par la confiance et la libération de votre souffle, donnez de l'amour à cette tension, puis laissez-la se défaire.

- Laissez TOUTE cette souffrance s'écouler de votre corps. Déposez-la devant votre autel sacré, ou offrez-la dans le bassin de l'amour divin. Pleurez, si nécessaire. Il est bon de pleurer ! Les larmes purifient et attendrissent votre cœur.

- Expirez et lâchez prise. Inspirez. Expirez et lâchez prise. Faites confiance. Inspirez. Expirez et lâchez prise. Faites confiance. Répétez ce cycle.

- Ouvrez votre corps, en laissant les émotions et les images circuler, fondre et s'évaporer de vous.

- Lâchez prise et laissez sortir l'angoisse de votre esprit, de vos souvenirs et de votre sang. Sentez cette libération circuler dans vos mains et vos pieds, dans chaque partie de votre corps. Laissez-la circuler et sortir.

- Gardez toujours à l'esprit votre prière de pardon et de libération, tout en continuant à ressentir de la compassion envers vous-même et tout ce qui est arrivé.

- Évacuez le passé de votre esprit. C'est terminé. Offrez-le à l'Esprit Saint. Vous n'en avez plus besoin.

- Vous êtes libre. Vous pouvez vous arrêter ou recommencer à n'importe quel moment. Personne ne vous y oblige. Vous effectuez ce processus de libération parce que vous le voulez de tout votre cœur et de toute votre âme. Vous choisissez cette guérison MAINTENANT.

- Restez centré. Continuez ce processus de libération jusqu'à ce que vous sentiez un changement. Il n'est pas nécessaire d'analyser mentalement ni de comprendre quoi que ce soit. Contentez-vous de respirer et de vous libérer jusqu'à ce que vous sentiez intuitivement que vous avez terminé. Votre corps vous le dira.

Lorsque vous vous libérez, remarquez que les autres personnages de votre histoire ne semblent plus aussi méchants ou effroyables. Ce sont les acteurs d'un scénario que vous avez créé en tant qu'âme, pour vous permettre d'apprendre et de grandir. Par exemple, Sal, mon professeur de danse, ne me semblait plus oppressant après avoir libéré la peur qu'il m'inspirait. Dans mon processus de pardon, je l'ai changé : au lieu d'un agresseur blessant, il est devenu un partenaire de danse qui pouvait voguer avec moi.

Votre perception des gens impliqués dans votre histoire change à mesure que vous vous transformez en libérant votre souffrance. En laissant tomber tout jugement, libérez vos préjugés à leur égard, et occupez-vous plutôt à débarrasser les toiles d'araignées de votre cœur et votre esprit. Rappelez-vous qu'au fond, tous les autres sont aussi parfaits et innocents, et égaux à vous en amour et en magnificence (même s'ils ne vous ont pas encore montré ces qualités en cette vie-ci).

## L'essentielle décision de vous libérer

À bien des égards, cette décision intérieure de libérer la douleur de votre passé est le moment le plus sacré du processus de pardon. Si vous pouvez le faire, vous pourrez alors affronter tout ce que vous enverra l'autoroute de la vie. D'après *Un cours en miracles*, cette libération est le but même de notre vie sur Terre ; tout le reste — y compris nos objectifs de carrière, nos intentions de rendre service et nos projets créatifs —, ce ne sont que des éléments décoratifs. Notre volonté d'être en communion avec Dieu exige que nous renoncions à la peur que nous avons créée dans notre esprit.

En nous libérant, nous nous rappelons que la culpabilité et la honte ressenties n'ont jamais été réelles, parce que nous n'avons *jamais quitté* un seul instant le royaume sacré. Et si c'est vrai pour vous et moi, cela doit aussi l'être pour tous les autres acteurs de nos histoires de victime ou de coupable. Nous ne pouvons pas nous absoudre sans accorder cette même bienveillance à tous nos frères et sœurs. Nous garder notre dénuement devant l'autel. Notre seul désir est de retrouver notre liberté.

« L'amour n'a pas de rancœurs. »
– *Un cours en miracles*, Livre d'exercices, leçon 68

## Demander au Divin de nous aider à nous libérer

Dans notre humilité et notre empressement à laisser aller la souffrance, nous nous tournons vers tout le champ de la conscience divine pour chercher de l'aide. Nous savons que nous ne pouvons pas guérir si nous nous fions uniquement sur notre petit moi désemparé. Nous l'avons déjà essayé, et ça n'a pas fonctionné. Et cela ne marchera jamais. Lorsque nous nous croyons seuls, notre champ de force est tout simplement trop faible, et cette idée que nous sommes seuls était la racine de nos problèmes.

Si vous voulez, invoquez Kâli, la déesse hindoue, et demandez-lui de vous aider à vous libérer. Les dieux et les déesses de l'hindouisme sont tous des symboles du Dieu unique qui donne vie à tout. L'invoquer, c'est comme invoquer un archange ou un saint.

Faire appel à Kâli, à un archange ou à un maître ascensionné, cela aide notre esprit à clarifier l'intention, le désir et le but de nos prières. Comment l'Esprit Saint peut-il répondre à nos prières pour la paix et la liberté si notre esprit n'en a pas une idée claire ? Comment traverser le pont du pardon si nous ne savons pas quelle direction prendre ? Le fait d'invoquer une aide divine ou une référence religieuse ou culturelle, nous aidera si nous le faisons dans le but de retirer d'autres couches d'ignorance.

Pourquoi invoquer Kâli ? Dans l'hindouisme, Kâli est l'un des noms de la contrepartie féminine de Shiva. Avec Shiva, Kâli est responsable de la destruction des mondes et des scories de l'existence, vieilles et décrépites. C'est un rôle sacré qui ressemble au travail de Manjushri chez les bouddhistes, et de l'archange Michel dans la tradition judéo-chrétienne et islamique : les deux brandissent des épées pour fendre le voile de l'ignorance et de l'illusion. Kâli est celle qui, parfois sous une forme féroce et terrifiante, nous enlève nos peurs. Terrifiante, oui, mais seulement pour l'ego, car c'est une championne de la vérité. Vous pouvez invoquer sa force et son courage inébranlables devant la terreur et l'horreur, y compris des souvenirs de tout événement traumatique que vous avez vécu.

D'ailleurs, les anges, les maîtres ascensionnés, les dieux et les déesses sont *tous* des images symboliques. En fait, *vous et moi* sommes aussi des images symboliques. Puisqu'il n'y a qu'une SEULE essence de vie, tous les « individus » qui en proviennent sont des symboles de son unicité. Notre périple consiste à accomplir notre unicité afin de pouvoir jouir de notre individualité temporaire sous la forme du jeu de *lila*, le spectacle éphémère de la manifestation, comme on l'appelle en sanscrit. Le fait de nous libérer de nos illusions douloureuses et de nous laisser porter par le courant de l'amour, nous donne plus de latitude pour danser et chanter, tout comme les Gopis (ou passionnées) de Krishna dans l'Inde ancienne.

Si vous vous sentez plus à l'aise de vous référer à la culture occidentale ou judéo-chrétienne pour demander de l'aide, vous pouvez vous libérer grâce à la Shekinah, le principe féminin du monde divin dans le judaïsme. La Shekinah, la « Présence », sanctifie tous les aspects de la vie. Si vous êtes chrétien (ou, comme moi, réceptif à

Jésus), vous pouvez demander le soutien de Jésus, et sa bénédiction vous accompagnera. Selon mon expérience, l'Esprit Saint, la Shekinah et Jésus partagent tous la même vibration sacrée, sauf que l'Esprit Saint et la Shekinah sont informes, et que Jésus a une substance historique. Si vous êtes musulman, vous pouvez demander l'aide d'Allah et des anges. Si vous êtes bouddhiste, invoquez la sagesse du Bouddha et la compassion de Tara. L'enseignement du pardon et de son pont vers la paix sont toujours ouverts à chacun, peu importe sa religion, sa race ou sa culture. Alors, demandez l'aide divine et elle viendra.

*Chapitre 9*

# *Septième étape — Observer les changements*

Après avoir libéré les pensées et émotions refoulées dans votre corps, examinez comment vous vous sentez. Votre esprit est-il plus léger, plus clair, plus en phase avec votre vérité ? Avez-vous un sentiment d'ouverture et de clarté qui n'était pas là auparavant ? Si vous avez lâché prise avec sincérité à la sixième étape, vous vous sentirez différent, à présent. Quelque chose de fondamental aura changé dans votre structure cellulaire et votre vibration spirituelle.

Quels changements ont survenu ? Si vous ne ressentez rien de neuf, demandez-vous sincèrement à quel point vous vous êtes vraiment permis de vous libérer. Peut-être pouvez-vous aller plus en profondeur, lâcher prise encore davantage. Au besoin, revenez à la sixième étape et recommencez jusqu'à ce que vous sentiez une sorte de mouvement intérieur. Continuez à respirer à fond lentement, et sondez votre monde intérieur.

## La PAUSE

Lorsque vous aurez l'impression d'avoir terminé la libération, vous remarquerez une pause. C'est l'instant entre l'expiration et l'inspiration. C'est un espace pur et intemporel. Rien ne se passe.

C'est le vide du Bouddha. Il est entièrement calme, plein et tranquille en soi. Reposez-vous là aussi longtemps que cela vous conviendra.

J'ai découvert que cette pause est l'un des moments où il m'est le plus facile de prendre conscience du vide. Voyez si c'est également vrai pour vous. Plus vous pratiquez la conscience et explorez la pause, plus vous pouvez saisir sa présence à d'autres moments de votre vie. Lorsque vous en aurez acquis une impression, vous pourrez la reconnaître et y entrer aisément au cours des activités quotidiennes.

Remarque : même si cette section sur la pause est brève, elle est tout de même essentielle. La section est brève parce que les mots ne lui rendent pas justice. Vous jouissez de la grande simplicité de la pause parce que, pour un instant ou davantage, votre esprit s'est arrêté. Pendant cette immobilité, vous atteignez le véritable yoga, tel que défini dans le premier sutra comme étant « la cessation des modifications de l'esprit » *(Yogash chitta vritti nirodhah,* en sanscrit).

Pour simplifier les choses, assurez-vous tout simplement de rester à l'affût de la pause après avoir terminé votre libération. Elle vous en dira plus long que toute une vie de lectures.

## Examiner votre corps

Ensuite, retournez à l'emplacement de votre corps physique où se trouvait votre nœud émotionnel. Que se passe-t-il là, maintenant? Quelque chose a-t-il changé? Grâce à votre lâcher prise, à votre expiration profonde et à la confiance que vous avez placée dans votre autel de lumière et l'amour divin, vous devriez éprouver différentes sensations corporelles. Après tout, votre décision consciente de vous libérer a ouvert vos membranes cellulaires et dénoué l'énergie de la zone de contraction. Vous avez en réalité expulsé de votre sang et de vos os votre histoire de malheur, et fait place à une guérison profonde de l'âme.

Pour savoir où aller ensuite, examinez votre corps. Des couches de nœuds émotionnels ont souvent tendance à se libérer au cours d'une même séance. Si vous avez ressenti ou libéré un tiraillement dans votre ventre, par exemple, et qu'il vous semble plus ouvert et détendu, essayez maintenant de voir si un autre endroit paraît tendu – peut-être dans votre cœur, votre gorge, vos épaules, ou votre tête. Parfois, vous libérerez un endroit évident (comme un genou ou une cheville ayant déjà subi une blessure), puis vous remarquerez que votre ventre ou une autre région de votre corps réclame votre attention. Suivez tout simplement la sagesse de votre corps. Il sait où aller et quand. Vous êtes finalement à l'écoute! Continuez, tout simplement. S'il y a une autre zone, concentrez-y votre attention et répétez les étapes trois à six afin de poursuivre votre processus de pardon.

Il importe peu que vous défassiez un ou plusieurs nœuds durant une séance donnée. Chaque séance sera différente, et vous offrira de la guidance et des enseignements particuliers au moment où vous en aurez besoin. Il ne faut pas comparer une séance à une autre, car parfois ce sera déchirant, rempli de larmes et de messages de l'âme. D'autres fois, ce pourrait être plus subtil, peut-être moins émotionnel, mais vous découvrirez que vous intégrez cette sagesse dans votre vie d'une façon nouvelle, mystique. Laissez la danse se déployer comme elle en sent besoin, sans lui imposer de couches supplémentaires de jugements et d'idées préconçues. Enlevez ces couches. Soyez innocent comme un enfant. Demandez. Écoutez. Apprenez. Laissez l'Esprit vous enseigner naturellement dans la perfection de l'instant sacré. Rien ne manque.

### Les changements possibles après la libération

Votre corps vous fera savoir immédiatement de quelle façon il change. Si vous n'avez pas encore développé de lien raffiné avec votre corps physique, voici une façon magnifique de commencer. Si vous vous sentez déjà profondément à l'écoute de votre corps, vous y parviendrez encore mieux en vous alignant davantage à ses rythmes. Constater les changements vous éclairera à un tout autre niveau, car chaque instant devient un messager porteur d'une nouvelle information.

Après s'être libérés grâce à ce processus de pardon, des clients signalent souvent qu'ils se sentent plus légers, plus ouverts et plus paisibles. En particulier, la zone où habitait la contraction, peut-être depuis des décennies, transmet désormais une vibration énergétique profondément nouvelle. Les images d'obscurité dense, de colère féroce ou de serpents noueux se sont évanouies de leur corps, de leur esprit et de leurs émotions. C'est plutôt incroyable à observer, et encore plus satisfaisant à vivre. Ces changements me sont arrivés au cours d'une période de ma vie où certains de mes anciens amoureux ont refait leur apparition, soit en rêve, en personne ou par courriel. En l'espace de quelques mois, j'ai repris contact avec le père de ma fille, que je n'avais pas vu depuis six ans. J'ai également reçu un courriel de mon premier amoureux à l'école secondaire (ça m'a ramenée des années en arrière !) et j'ai renoué contact avec un vieil ami, qui était pour moi comme un frère, perdu de vue depuis longtemps. En m'offrant ces occasions de synchronicité, l'Esprit m'invitait à examiner mon attitude envers les hommes. Je savais qu'il se préparait quelque chose d'important, et j'étais à l'affût d'une libération potentielle et de la paix qu'elle m'apporterait.

Un jour, pendant cette période, je participais à un cours de yoga. Je sentais la chaleur et la force de mon corps, et mon souffle circulait, ample et vivant. En maintenant une posture difficile, j'ai soudain pris conscience d'un intense nœud énergétique, tout au bas de mon ventre. Ses couleurs et ses textures étaient sombres et très denses, un peu comme un trou noir. Les trous noirs sont incroyablement denses ; ils ont un champ gravitationnel si puissant qu'ils aspirent toute la lumière et la matière qui les entourent. Ce point était minuscule, mais extrêmement fort. Je n'avais jamais rien senti de tel.

Je suis restée concentrée sur cette nouvelle zone de mon corps pendant que le cours de yoga se poursuivait. Plus tard ce jour-là, je me suis assise, j'ai calmé mon esprit, et prié pour recevoir une révélation. Je me suis demandé : « Que dois-je savoir à propos de ce nœud ? Quelles pensées et quelles émotions habitent là ? » En me concentrant sur mon ventre, je me suis mise à l'écoute, avec l'impression que ce nœud était relié aux hommes de mon passé. La première vague de sentiment était liée à une déception amère. Oui, j'avais sûrement ressenti cela dans mes relations intimes. En respirant lentement, j'ai jeté un autre coup d'œil. Quelque chose d'autre se cachait sous cette déception. Qu'est-ce que ça pouvait bien être ? Puis, je me suis soudainement rendu compte : l'amertume. La noire intensité de ce nœud correspondait parfaitement à un profond sentiment d'une amère douleur. Sa texture a changé et est devenue dure, rocailleuse et métallique. Trouver ce point, c'était comme découvrir une blessure par balle qui m'aurait paralysée au point de ne pas pouvoir la sentir avant cet instant. On aurait dit que j'avais trouvé une balle logée dans mon ventre maternel. Et je savais qui l'avait tirée là : moi.

Toute la déception de ma vie de jeune fille et de femme logeait dans ce point, pressurisée comme un fossile et dure comme de la pierre. Une déception se mêlait à une autre, puis une autre, et de plus en plus ; ma douleur s'est amplifiée sur des décennies jusqu'à ce que je la change en amertume. Toutes mes relations amoureuses étaient enfouies là, comme de la bile visqueuse et dense, palpitant au fond de mon subconscient tel un tyrannosaure. Ce point noir représentait l'amertume non seulement en cette vie, mais aussi du karma de mon âme au cours de millénaires. Je savais que je devais le libérer, pardonner toutes les histoires qui y étaient reliées, et enfin trouver l'équilibre et la paix.

Étonnamment, car ce n'était pas mon style habituel, j'ai attendu quelques jours avant d'effectuer ma séance de pardon. J'avais besoin de garder le trou noir un peu plus longtemps, juste pour le contempler. Je savais qu'inévitablement je l'offrirais à l'amour divin, mais je voulais avoir plus de temps pour explorer la substance de cette amertume. Avant de m'en libérer, j'avais besoin de sentir sa noire densité et sa force concentrée.

Quelques jours plus tard, je me suis de nouveau assise en méditation. Cette fois, je me sentais prête à me libérer. J'ai compris que le fait d'abandonner cette douleur allait changer quelque chose de fondamental dans ma vie. J'avais vécu si longtemps avec ma souffrance, c'était presque comme si j'allais abandonner un ami familier (même si son énergie n'était pas du tout amicale). Je ne savais pas du tout qui je serais sans lui, mais je savais qu'il devait partir.

J'ai débuté par une courte prière et établi mon espace sacré. En respirant consciemment, j'ai commencé à expirer directement du fond de mon ventre, en laissant la compassion adoucir les contours de mon nœud émotionnel. Des vagues de souvenirs me sont venues et des larmes ont coulé à travers moi, et je les ai toutes offertes au Seigneur pour qu'il les guérisse. Puis j'ai déposé mon fardeau devant l'autel de l'amour divin.

Toute la frustration, l'impuissance et tout le désespoir que j'avais ressentis dans mes relations amoureuses ont jailli par vague dans un élan d'émotion : les fois où j'avais aimé si fort, mais m'étais sentie invisible, incomprise et trahie ; les fois où j'avais essayé désespérément de m'exprimer, sans avoir l'impression de pouvoir atteindre mon amoureux, et avais plutôt frappé un mur de confusion et de douleur ; les moments de tristesse où j'avais senti approcher la fin de notre amour et n'avais pas pu le changer ni le réparer… tout cela a déboulé en vrac.

Mes émotions et expériences personnelles ont émergé pour être libérées, et de plus, je voyais également monter le conditionnement culturel. Je savais intellectuellement que les histoires qu'on m'avait racontées, enfant, n'étaient pas vraies. Sur le plan émotionnel, toutefois, j'avais encore une attente à l'effet que chaque homme que j'aimerais devrait, en quelque sorte, se changer en une sorte de prince sur un cheval banc. Je le voyais arrivant au grand galop pour me sauver et m'emmener loin dans son palais… où je serais en sécurité. Dans bien des cultures, on nous a enseigné que l'amour romantique était la forme d'amour la plus élevée. Mais lorsque les ego s'en mêlent et que la relation tourne à la catastrophe, nous risquons d'être déçus et de devenir finalement amers. Notre cœur se flétrit et ne veut plus faire confiance. J'ai ressenti tout cela dans mon corps, alors que je remettais cette souffrance à Dieu avec la sincérité de mon âme.

Cette phase de ma libération a été courte, mais intense. En quelques minutes, j'ai expulsé toute une vie d'angoisse. Puis j'ai tourné mon attention vers ce nœud émotionnel. « Quels changements se sont produits là ? » me suis-je demandé. En me concentrant de nouveau sur le bas de mon ventre, j'ai observé le déroulement d'une transformation : ce qui avait été un lieu sombre, presque malveillant, bougeait et palpitait, à présent, telle la métamorphose d'une obsidienne noire en une fontaine de vitalité. Ce qui avait jadis palpité d'amertume était devenu une énergie libre de danser et de circuler. Étonnée, j'ai observé cette force vitale se changer en ce qui m'est apparu comme un élixir de vin rouge. Elle a rapidement circulé dans mon sang et fusionné avec mes corps physique et spirituel. Je me suis sentie complètement renouvelée et régénérée, comme si quelqu'un venait de me tendre un tonique sacré de la plus haute vibration.

Parce que j'ai confié ma douleur à l'Esprit Saint, ma souffrance a disparu. Ce qui semblait si impénétrablement difficile ou désespéré s'est transformé en un nouveau lieu ouvert d'émerveillement. Ma prière de gratitude s'est élevée sous forme de douces larmes de joie et de soulagement. Il ne restait qu'un sentiment béni de paix intérieure et de satisfaction de l'âme. Le dur labeur de la séance était terminé, et ma coupe débordait.

Ce nouveau sentiment démontre la force de l'amour spirituel. L'amour romantique peut être magnifique, mais l'amour sacré nous relie éternellement. Il guérit tout ce que nous lui offrons avec une intention claire.

Si je vous présente cette expérience de transformation, c'est que je vous invite à en faire vous-même l'exploration. Trouvez-la. À mesure que vous explorerez cette voie du pardon et la laisserez s'étendre à chaque souvenir et vision de l'avenir, vous absorberez directement son étincelante vérité. Le fleuve se jette toujours dans la mer. Dans notre cas, c'est la mer de la paix, de la sagesse et de la joie.

Chapitre 10

# *Huitième étape — Retour sur les leçons*

Lorsque votre intuition vous dit que vous avez fini de vous libérer (du moins pour l'instant), remettez-vous à l'écoute. Entrez dans le calme et appréciez ce moment. C'est un temps de répit pour votre esprit. Laissez-vous porter par le courant aussi longtemps que vous en avez envie. *Aaaaaaahhhh.*

Lorsque vous aurez libéré les émotions souffrantes de votre corps-réservoir, vous remarquerez qu'il y a maintenant de la place pour explorer les thèmes et leçons de votre âme.

Lorsque vous êtes prêt, il est temps de vous demander : « À quoi ça sert ? Sur le plan de l'âme, pourquoi ai-je vécu cette expérience sur Terre ? Qu'ai-je besoin d'apprendre de cette histoire ? Pour quelle chose devrais-je exprimer ma gratitude ? »

Tout ce qu'il vous faut, c'est une guidance utile afin de pouvoir reconnaître les leçons qui vous attendent. Lorsque vous verrez ces enseignements et en percevrez la vérité, quelque chose de très profond se détendra en vous. Votre âme attendait cet instant pour mettre de côté les mensonges et la peur. Vous vous sentirez prêt à élargir votre compréhension des différences qu'il y a entre l'ego et la sagesse de l'Esprit. Vous êtes maintenant prêt pour la paix.

## L'ego est manifeste

Heureusement, l'ego fonctionne d'une façon très évidente et conventionnelle. Dès à présent, vous êtes probablement à même de reconnaître son fonctionnement, du moins partiellement. C'est pourquoi *Un cours en miracles* parle de ce que l'ego « fait », par opposition à ce que Dieu crée. Puisque la mission de l'ego est de maintenir un faux sentiment de séparation (et les états émotionnels correspondants de l'aliénation, de la solitude, du désespoir et de la peur), nous pouvons aisément reconnaître à quels endroits nous avons laissé l'ego s'infiltrer dans notre esprit.

L'esprit dépourvu d'ego est sanctifié, constamment en équilibre et prêt à servir l'Unique ; l'esprit avec un ego est rempli d'erreurs, que l'Esprit Saint peut corriger n'importe quand. Le fait de débusquer les erreurs et d'expirer la douleur (étapes trois à six) est nécessaire pour pouvoir permettre aux leçons de notre âme d'atteindre notre esprit. À présent, il est temps de partir à la recherche du trésor caché.

## Accueillir le message opposé

Chaque nœud émotionnel comporte au moins un message : une sagesse cachée qui nous attend. Vous avez déjà découvert les premières couches de messages aux étapes deux et cinq. Vous rappelez-vous Cindy (de même que vous et moi), et notre longue liste de pensées reliées à la haine de soi ? Quelles eaux tumultueuses !

Vous avez donc utilisé la SOB pour vous libérer – vous avez fait preuve de sincérité, d'ouverture et de bonne volonté. Vous avez expiré de votre corps la peur, la douleur et le chagrin. Puisque vous avez laissé sortir le message de peur, vous avez fait de la place au message d'amour. À ce stade, vous êtes prêt à écouter encore davantage les messages sous-jacents de l'âme qui guériront votre esprit et votre cœur.

## S'asseoir en silence pour recevoir la sagesse

Assoyez-vous en silence et prenez conscience de vous-même en tant que totalité : âme, esprit, émotions et corps. Permettez à votre sagesse intérieure de vous atteindre et de vous enseigner. De nouvelles révélations émergeront de votre intelligence spirituelle. Comme ce sont des clés importantes pour la compréhension de votre âme, prenez le temps de les laisser venir à vous. Autrement dit, ne les cherchez pas et ne *faites* rien ; contentez-vous de permettre. Respirez. Reposez-vous dans le vide. Appréciez-en la simplicité. Voyez comment ces perles de sagesse viennent d'elles-mêmes. Vous remarquerez qu'elles contiennent des messages qui sont le contraire de ceux que vous avez entretenus pendant si longtemps.

Par exemple, quel message ai-je reçu après avoir laissé aller toute cette amertume autour de mes relations avec les hommes ? Mon récit de victime commençait ainsi : « Je ne peux pas faire confiance aux hommes. Ils finiront par me trahir et me décevoir. Mon prince charmant ne viendra jamais. Je me sens déçue et amère. » Certains des messages cachés qui se sont dévoilés après avoir assumé mes sentiments, étaient : « Je ne peux pas me faire confiance en amour. J'ai tout gâché (dans le passé). Je vais commettre des erreurs terribles (à l'avenir). Je ne peux pas faire confiance à mon propre jugement. » Hum. Je décèle un thème ici. Vous le reconnaissez peut-être aussi, car c'est celui que nous sommes nombreux à partager : la confiance. La confiance dans les relations avec les autres, avec soi-même et avec l'Esprit.

Les messages contraires que j'ai reçus après ma libération étaient les suivants : « Je *peux* faire confiance. Je peux faire confiance à l'amour même. Je suis amour. J'aime l'amour ! » À ce stade, ma préoccupation à l'égard des hommes (c'est-à-dire l'attachement à l'amour romantique) a diminué et je me suis concentrée sur mon lien direct avec la vie, la pure conscience, et mon simple bonheur. Aussi longtemps que je suis restée fidèle à ces messages positifs et encourageants, ma vibration a changé et j'ai pu apprécier pleinement ma relation avec les hommes. Et même si j'avais eu beaucoup d'amitiés et une profonde communion avec les hommes jusqu'alors, mon sentiment de paix intérieure et ma relation aux autres se sont vraiment épanouis après avoir reçu ces enseignements.

L'Esprit vous offre de profondes prises de conscience. Tout comme moi, vous pouvez apprendre à vous faire confiance, à faire confiance à votre intuition, à ce que la vie vous apporte, et à la vie elle-même. *Comme votre paix intérieure sera différente si vous choisissez la confiance !* Vos visions seront beaucoup plus profondes si vous faites confiance à votre Esprit et à sa sainteté ! Votre processus de décision sera complètement révolutionné. La confiance : un seul mot, mais son message est tellement puissant.

Un autre exemple de guidance de l'âme pourrait provenir du besoin d'amour de soi. Pour la plupart, nous devrions en profiter davantage ! Sans amour de soi, nous avons peu de chose à donner aux autres. Quand je refusais mon amour aux personnes du sexe opposé, je me privais moi-même d'amour, car j'en bloquais la circulation à travers moi. Aussi, parce que nous sommes tous Un, et qu'en vérité, il n'y a qu'une seule personne sous des apparences multiples ; si je ne ressentais pas d'amour pour les hommes (ou qui que ce soit), je n'éprouvais pas d'amour pour moi-même. Si vous refusez l'amour aux autres, vous vous le refusez aussi à vous-même. Déjà, nous connaissons bien, vous et moi, ce que c'est que de vivre en refusant l'amour : c'est le désespoir, la solitude, l'apathie, et peut-être la dépendance. (Rappelez-vous qu'à ces manifestations évidentes de notre souffrance, il y a aussi des manifestations subtiles.) Il est temps de nous pardonner, de nous aimer, et de changer radicalement nos pensées.

Une fois que vous aurez libéré votre douleur émotionnelle, vous y trouverez la place nécessaire pour que des messages de sagesse y émergent. Écoutez à fond, vous pourriez entendre en vous l'Esprit dire : « Aime-toi. » Cela ne paraîtra ni ringard ni faux. En fait, vous recevrez un enseignement à un niveau plus profond, qui ira tout droit vers vos cellules, émotions, pensées et souvenirs. Il vous infusera d'une chaude vague de bénédictions. Si vous le respectez et en prenez soin, cet enseignement vous inspirera tout le reste de votre vie.

Les leçons de l'Esprit peuvent être simples. Il ne faut donc pas être déçu si la sagesse qui monte en vous semble trop brève ou simple. La simplicité est une grâce magnifique, et le message sera toujours façonné selon vos besoins du moment. Lorsque vous y serez habitué, l'acuité du message opposé vous atteindra jusqu'au cœur. C'est ce que vous avez toujours voulu savoir, mais le monde vous a présenté un assortiment complètement différent de circonstances et de réalités parallèles ! Au départ, vous avez cru à la *maya*, à l'illusion, mais à présent, vous êtes en train d'explorer la vérité encore plus en profondeur. Vous élevez votre vibration pendant que vous décelez et accueillez ces perles rares : les fruits de votre quête !

## Le revers des trois peurs

Comme nous l'avons vu au chapitre 7, les trois peurs universelles sont interreliées, ce sont des idées puissantes qui informent votre première couche de messages cachés. Elles forment le magma gluant de vos manques et de vos malheurs. Pour récapituler, les trois peurs fondamentales sont la peur de l'abandon (je ne suis pas digne d'être aimé), la peur d'être sans intérêt (je ne suis pas assez bien), et la peur de s'abandonner à Dieu (je ne peux pas faire confiance). Ces trois peurs engendrent des pensées névrotiques additionnelles qui essaient de saper notre paix intérieure : « On ne peut pas me faire confiance », « On ne me pardonnera jamais », « Je ne vivrai jamais de vraies relations », « C'est sans espoir », et « Je me sens seul et impuissant. Par conséquent, je me sens isolé et j'ai peur de l'avenir. » (Ouf ! Nous avons du pain sur la planche !)

Que se passe-t-il lorsque nous examinons le revers de ces peurs et les regardons du point de vue de l'Unité ?

Puisque vous avez libéré la colère et la peur associées à cette fausse idée « Je ne suis pas assez bien », il y a maintenant de la place pour recevoir la sagesse de la *vraie* idée : « Je suis béni ». Remarquez que je n'ai pas dit que l'opposé était « Je suis assez bien ». Pourquoi ? Si vous vous mettez en résonance avec cette affirmation, vous verrez qu'elle est toujours sur le champ de bataille. Il y a encore de la tension là-dedans, à cause d'une division dans votre esprit. Vous êtes assez bien ? En quoi ? Pour qui ? Jusqu'où ? Pour quitter définitivement le champ de bataille, vous devez changer complètement votre point de vue.

Comme nous le rappelle *Un cours en miracles*, l'amour n'a pas d'opposé. Ici, nous pouvons observer cette vérité en action, dans notre cœur et notre esprit. L'affirmation véritable, celle qui est associée à la guérison de la peur fondamentale de « ne pas être assez bien », c'est de prendre conscience que « Je suis béni ». C'est une affirmation franche sur la nature véritable de tout être jamais créé.

À présent, vous voyez pourquoi vous n'êtes pas spécial ! Mais vous êtes béni. Vous êtes l'essence du Christ, et moi aussi. Comme tous les personnes de votre histoire de victime ou de coupable. Nous ne pouvons pas nous dissimuler notre véritable nature collective. C'est notre identité, telle qu'elle nous a été donnée par notre Créateur. Elle n'a rien à voir avec le fait d'être assez bien ou pas. Lorsque nous comptons là-dessus, nous quittons le champ de bataille. Nous avons trouvé la paix.

Essayons de nouveau cet exercice avec la peur fondamentale : « Je ne suis pas digne d'être aimé. » Pour nous élever au-dessus du bourbier de mensonges inhérent à cela, cherchez la vibration de vérité la plus élevée possible. Ce pourrait être une pensée comme « Je suis digne d'être aimé ». Cette affirmation est vraie. Quelle autre affirmation l'est à propos de l'amour ? Que diriez-vous de « Je suis amour » ? C'est un passage encore plus direct à la relation sacrée qui vit à jamais en vous. Votre nature même est amour ! Comment auriez-vous pu vous croire indigne d'amour lorsque, en fait, votre cœur et votre esprit débordent éternellement d'amour ?

Oui, dans le monde de l'humanité, nous avons caché notre nature véritable, à nos propres yeux et à ceux des autres, sous d'innombrables couches de souffrance durant des générations. Nous avons également été conditionnés à chercher à l'extérieur de nous une autre personne pour nous compléter. On nous a enseigné à chercher l'un des pinacles de l'expérience humaine : l'amour romantique. Puis, dans le pardon, le Seigneur nous rappelle que *nous sommes amour !* Personne n'est laissé de côté, personne n'est exclu – chacun est égal, pur et innocent dans la vérité de l'amour divin.

Examinons la dernière peur, celle de ne pas pouvoir faire confiance. C'est une peur de l'abdication, de l'abandon de soi, une peur de la Puissance supérieure. Cette peur s'accompagne d'une foule de peurs sous-jacentes, comme celle d'avoir commis un acte répréhensible, d'être coupable sans jamais pouvoir réparer son erreur. Vous craignez que, puisque l'Esprit n'est pas fait d'amour, on ne vous pardonne jamais vos erreurs, et que votre vie entière est sans espoir. Faire confiance et lâcher prise, cela paraît dangereux, comme si vous alliez en mourir. En réalité, si vous le faites, c'est votre ego qui mourra. (Rappelez-vous, ces peurs sont souvent inconscientes. Si vous regardez en profondeur, vous trouverez celle-ci. Elle est essentielle au maintien de votre ego.)

Pour la renverser, vous devez d'abord la laisser aller et faire confiance, comme lorsque vous vous êtes libéré à la sixième étape. Ici, vous devez approfondir la confiance, car vous l'accueillez consciemment. Vous reconnaissez que sans elle, vous n'irez pas plus loin dans votre cheminement. La peur de ne pas pouvoir faire confiance se change en son contraire grâce à cette prise de conscience : « Je PEUX faire confiance. En fait, je fais le choix de faire confiance au-delà de ce que je peux voir, goûter, toucher, entendre et sentir. Au-delà de mes sens, il y a une information différente, mais uniquement si je m'abandonne en donnant tout à mon Créateur. » Avec cette bonne volonté intense de tout laisser aller, vous faites de la place à l'amour pur.

En parlant d'abdication, je ne veux pas dire pas que vous devez rester sur le champ de bataille et brandir un drapeau blanc, ce qui signifierait que vous êtes le « perdant ». C'est le vieux modèle d'abdication centré sur l'ego. Ce genre-ci d'abdication est tout à fait différent. C'est une expérience spirituelle du plus haut niveau, qui exige une prodigieuse force de l'âme. C'est une offrande de tout votre être à la conscience de Dieu.

On peut considérer tout le parcours du pardon comme une voie d'abdication. Nous relâchons tout ce qui n'est pas amour ; nous le déposons au sol. Nous sentons notre désir intense de nous libérer de la séparation et du désespoir. À chaque respiration, nous accueillons la vérité et l'amour. Cette voie constitue une méditation profonde et fondamentale, qui se change en une œuvre d'art pour chacun de nous, et s'impose de façon organique à mesure que nous vivons notre vie quotidienne.

## Apprendre les leçons de votre âme

En écoutant profondément, vous commencerez à entendre votre essence vous parler avec sagesse. Poursuivez ce processus et remarquez tous les messages intuitifs qui surgissent pour vous. Certains seront généraux, tels que « Je peux faire confiance à présent » et d'autres, en lien avec votre histoire de pardon. Par exemple, en guérissant ma relation avec ma mère, j'ai vu la maladie et le suicide de maman comme une façon de libérer ma peur de la folie, et d'acquérir ainsi de la confiance et de la compassion. La situation entière m'a forcée à approfondir ma dévotion envers ma Mère divine.

*Il y aura beaucoup de « bouleversements » lorsque vous verrez à quel point vous avez projeté vos propres peurs sur des gens et des événements. Heureusement, vous verrez à quel point tout ce scénario était un décor parfait pour votre guérison.*

Pour soutenir votre écoute intérieure, posez-vous les questions ci-dessous. Les réponses monteront naturellement, et elles seront toujours encourageantes et compatissantes. Si vous commencez à entendre de la négativité, c'est signe qu'il y a autre chose à libérer. Pas de problème ! Il vous suffit de respirer, de faire confiance, et de libérer la douleur. En une seule séance, plusieurs couches de souffrance peuvent émerger pour être guéries. Poursuivez le processus jusqu'à ce qu'il ne vous vienne que des messages positifs.

Il est très utile de noter immédiatement vos prises de conscience, sinon plus tard. Si vous voulez une version numérique des questions suivantes, allez au www.anaholub.com pour un téléchargement gratuit. Vous pouvez l'imprimer et remplir les espaces vides. Il contient les questions suivantes :

- Après une libération, quels messages cachés de mon âme se relèvent à la lumière ?
- Pourquoi ou comment mon âme a-t-elle besoin de cette situation ?
- Puis-je voir la perfection de cette situation ?
- À la suite de cette séance de pardon, quelles forces, prises de conscience et formes de compassion ai-je acquises ?
- Comment puis-je exprimer ma gratitude pour ce qui s'est passé ?

Chapitre 11

# *Neuvième étape — L'expansion de l'âme*

Vous serez heureux de découvrir que, dès la neuvième étape, vous commencez déjà à récolter les fruits de votre processus de pardon ; ce que j'appelle le dessert. Au début du processus, en vous approchant de la sixième étape (la libération), vous avez travaillé à ressentir sincèrement la douleur et la peur qui étaient logées dans votre histoire de victime. La libération même était une profonde ouverture ; vos émotions se sont déversées et vous les avez offertes à l'Unique. Puis, vous vous êtes calmement ouvert aux messages que vous étiez prêt à recevoir. Après tout cela, il ne reste qu'à insuffler à votre être amour, lumière et grâce. C'est pourquoi l'expansion de l'âme goûte si bon.

## Approfondir la pause

D'abord, vérifiez en vous s'il monte des couches additionnelles de peur. Si, en toute sincérité, vous ne sentez rien qui tiraille votre conscience pour être guéri, vous pouvez relaxer. Ne vous obligez pas à poursuivre le traitement comme une fin en soi. Il n'est pas nécessaire de pousser ni de forcer. Lorsque vous aurez vraiment terminé, vous le saurez.

Vous remarquerez que vous êtes devenu très calme intérieurement, non seulement à propos du pardon, mais aussi du reste. Rien ne se passe. Tout paraît simple et silencieux. Goûtez cette profonde simplicité. C'est la pause entre l'expiration (toute la libération que vous venez de vivre) et l'inspiration (le dessert qui s'en vient). Restez là aussi longtemps que vous le voulez. C'est généralement une assez brève période de temps (de une à cinq minutes). Si vous y restez trop longtemps, vous commencerez probablement à rêvasser, et vous pourriez oublier de passer à la neuvième étape, une part cruciale du processus du pardon. Alors, restez là quelques minutes, en remarquant votre respiration qui entre et sort de vous aisément, comme un flottement. Graduellement, vous ressentirez un désir naturel de commencer à respirer plus profondément. C'est le signal du début de votre expansion.

### Boire avec joie

J'appelle cette partie le « dessert » parce que toutes les bonnes choses et la joie qui ont été écartées de votre vie ont une chance d'entrer en vous. Ceci se produit sans effort, mais cela devient plus puissant lorsque c'est fait consciemment : alors, assurez-vous de rester très présent. Pour cette section, concentrez-vous sur votre INSPIRATION.

À ce stade, il est utile de vous rappeler votre cercle d'encouragement cosmique. Si vous avez invité des maîtres, des anges ou d'autres aides célestes dans votre prière d'ouverture, remerciez-les maintenant. Ensemble, vous boirez tous à l'essence même de la vie.

Une fois en contact avec les êtres de votre cercle sacré, commencez à utiliser votre inspiration pour vous emplir de l'amour divin. Ouvrez-vous en cherchant énergétiquement à vous connecter aux cieux, au-dessus de la couronne de votre tête. Dans l'espace situé au-dessus de votre tête, sentez une porte qui s'ouvre et invitez la lumière à se déverser à travers vous. Ouvrez vos pieds et recevez aussi les bénédictions de la terre. Laissez la vitalité de la vie entrer en vous à tous les niveaux. Mettez-vous à l'écoute de votre cœur, y compris l'arrière de votre cœur. Assurez-vous de laisser la lumière remplir chaque fissure de votre être.

*À chaque inspiration,* ***buvez*** *la lumière.*
*À chaque expiration,* ***détendez-vous****.*

Permettez à la grâce de l'Unique d'entrer en vous avec son subtil pouvoir de guérison. Vous n'avez qu'à dire : « Je t'invite ! » et la sagesse de la force vitale fera le reste. Sentez sa présence bénie alors qu'elle pénètre votre sang, vos os, vos souvenirs, vos rêves et vos désirs. Accordez une attention particulière aux endroits de votre corps physique qui ont servi de réservoirs à la souffrance. Avec votre bonne volonté et une gratitude sincère, PERMETTEZ maintenant à la lumière d'infuser ces endroits.

À ce stade, il est parfois amusant de jouer avec les couleurs. Vous pouvez vous sentir spontanément guidé de façon à vous concentrer sur différentes teintes de lumière, comme le doré, le blanc, le rose, le violet, ou toute autre couleur de guérison. Ne le faites que si cela semble facile et spontané — autrement dit, ne vous servez pas de votre intellect ou d'autres pratiques de méditation. Laissez venir les couleurs si elles viennent spontanément. Sinon, ne vous en faites pas.

Continuez de vous emplir de pure lumière. Sachez que cette lumière sait exactement comment vous apporter la guérison. Recevez en inspirant et détendez-vous en expirant. Il n'y a rien d'autre à faire que de goûter aux bonnes choses de la vie.

Votre cercle de soutien, composé d'êtres de lumière, vous rappelle que nous ne nous éveillons jamais seul. Nous le faisons ensemble, car notre nature même est l'amour en communion avec elle-même. Nous sommes donc toujours totalement reliés au grand Tout. Vous en SENTIREZ maintenant la réalité durant l'expansion de votre âme.

Inspirer la grâce, c'est comme boire le lait fouetté le plus savoureux et le plus curatif au monde. ASPIREZ ses bienfaits en vous, comme si vous étiez un enfant qui essaie pour la première fois un lait fouetté au chocolat. Soyez émerveillé, reconnaissant et impatient d'en avoir encore ! C'est bien, car vous vous apercevrez bientôt que boire ce divin nectar est tout à fait bénéfique pour votre âme. Vous vous NOURRISSEZ vraiment de sa sagesse et de sa force. Avec un profond soupir de soulagement, vous commencez à comprendre que rien de ce que vous pouvez faire ne changera le pouvoir éternel de cette lumière. Son but est de vous guérir et de vous combler. Vous ne pouvez jamais en manquer, et vous ne manquez de rien. Tout est donné à chaque instant sacré. Rien ne manque, et tout est inclus dans le caractère sacré de cet instant. Votre âme trouve le repos. La paix est à vous. Buvez encore.

Si vous ne sentez pas grand-chose à ce stade-ci, sondez plus profondément votre confiance. Vous ne vous êtes pas créé ; vous avez été créé par l'Unique. La sainteté qui vous a créé ne vous quittera pas maintenant, ni jamais. À vous de plonger dans l'univers de l'Unique muni d'une confiance en quelque chose de beaucoup plus vaste que votre moi individuel. Par l'inspiration, invoquez l'aide de votre équipe céleste, puisqu'elle est là pour vous soutenir. Continuez jusqu'à ce que vous vous sentiez complètement saturé d'amour divin.

Remarque : si vous lisez ceci pour la première fois et n'avez pas encore parcouru tout le processus du pardon, vous commencez peut-être à vous inquiétez de ne pas faire les choses « correctement ». « Ah non ! murmure votre ego. Et si j'échoue ? »

Faites de votre mieux afin d'ignorer cette voix. Rassurez-vous : après avoir effectué votre travail intérieur avec sincérité, ouverture et bonne volonté, et libéré la douleur qui vous tient prisonnier, ce stade vous paraîtra absolument délicieux. C'est la cerise sur la crème fouettée. Ce sont les vacances dont vous avez toujours rêvé – une plage à Tahiti, une expédition de pêche à la mouche – la récompense et la reconnaissance que votre ego a cherchées de bien des façons, mais qui a toujours échoué. Voici la véritable bénédiction. Elle vous amène directement à la paix de votre propre cœur. Tout le monde sait intuitivement comment accomplir cette étape. Rien ne pourrait être plus naturel.

## Il est ESSENTIEL de recevoir

Peut-être, comme moi, avez-vous eu des périodes où la vie semblait être une épreuve par le feu, une folle succession de crises. Dans ce cas, il n'est peut-être pas facile au début d'accéder à la paix. Ce n'est pas tant parce qu'il est difficile d'y accéder, mais parce que vous avez pris l'habitude de passer d'une épreuve mineure à un traumatisme majeur, puis de revenir à une autre épreuve. Ce mode de comportement décrit ce que vous appelez la « vie » (par exemple, la vie est difficile et injuste), alors la simplicité et la facilité à recevoir une pure lumière peuvent paraître déconcertantes. Peu importe. Contentez-vous de la recevoir de toute façon. Votre âme sait déjà comment, et en vérité, chaque aspect de votre être a tellement envie de goûter la véritable essence de l'amour.

Remarquez si vous voulez sincèrement raccourcir cette part du processus. J'ai eu plus d'un client qui pouvait dénicher beaucoup d'émotions et se libérer avec enthousiasme, mais qui voulait ensuite se lever et partir ! N'abandonnez pas la fête sans dessert ! La soirée est encore jeune et l'orchestre vient de commencer. Il joue votre pièce préférée — ne l'entendez-vous pas ? Assoyez-vous un moment. Mettez-vous à l'aise. Nourrissez votre être en profondeur. Pour l'amour de Dieu... pour votre bien... ne ratez pas la meilleure partie !

Étant donné que dans notre société occidentale, nous sommes souvent démunis face à l'honnêteté émotionnelle et le lâcher-prise, nous avons souvent été privés de conseils pour recevoir la grâce de l'Unique. Comme nous avons peu d'indications, il faut donc découvrir par nous-mêmes comment nous nous sentons avec notre corps physique, nos émotions et nos pensées. À cette étape-ci, nous amenons l'Esprit dans la matière. C'est une voie sacrée. Restez-y et entrez directement en contact avec votre nature mystique. Vous n'avez pas besoin d'indications pour cette étape, vous n'avez qu'à la laisser venir d'elle-même.

## Reprogrammer tout votre organisme

Comme nous l'avons exploré au chapitre 1, ce processus de pardon démêle vos réseaux neuronaux et forme de nouvelles voies par lesquelles peut circuler l'information synaptique. Cela se produit dans votre cerveau, mais avec autant d'importance dans votre cœur, et continue à travers vos corps physique, émotionnel et mental. Finalement, vous devenez consciemment relié à l'Esprit.

En recevant profondément le nectar de lumière à la neuvième étape, vous terminez le programme d'échange que vous avez commencé avec Dieu. En vous abreuvant à même la pureté de l'intelligence spirituelle originelle, vous nourrissez vos cellules d'une nouvelle information. La vie n'est plus difficile, dévalorisante et cruelle. Plutôt, la vie est un cadeau : doré, sacré et prometteur pour vous et vos rêves de bonheur.

En recevant la vérité de la vie, vous voyez que la nature fondamentale de toute création est bonne. C'est le malentendu et la distorsion humaine qui mènent au chagrin et à la souffrance en ce monde. Même les situations de vie les plus difficiles peuvent être perçues sous un nouveau jour, si vous vous ouvrez à la possibilité de vivre plus d'une fois, car chaque vie nous offre des myriades de chances de nous réaligner avec la beauté de la création. À travers nos défis et expériences, nous élevons notre vie et reprenons contact avec la puissance et la gloire de l'Unique — mais seulement si c'est le choix que nous faisons. Votre volonté de le recevoir est un aspect important de ce retour. Honorez-le, et découvrez combien le Divin vous honore !

Remarque : chaque fois vous avez terminé une étape de libération et que vous vous reposez un peu dans le vide, vous pouvez vous abreuver dans la lumière. Elle peut vous aider à voir plus loin, alors que vous vous ouvrez à recevoir des messages de sagesse, et elle vous fortifiera si d'autres souffrances surviennent et que vous devez en libérer un peu plus. L'ordre des étapes est logique, mais il y a aussi de la flexibilité parce que tout votre processus se produit dans la spontanéité du moment. Rappelez-vous seulement que nous devons lâcher prise pour faire place à la félicité. Le fait d'essayer d'accéder à la joie en escamotant votre douleur (c'est-à-dire sans pardonner ni vous libérer) ne sera jamais un plan réussi.

## Élargir le cercle sacré

Lorsque vous vous sentez complètement empli de lumière vivifiante, étendez les bras jusqu'à en devenir *absolument saturé*. Commencez par vous sentir débordé ; soyez comme une FONTAINE d'amour divin. Sentez un riche cocon d'essence dorée baigner doucement tout votre corps de paix et de détente. La lumière vous remplit et émane de vous, ce qui vous donne une aura tangible qui luit tout autour autant qu'à l'intérieur de vous.

*Lorsque vous vous emplissez ainsi, vous comprenez enfin* ***qu'il n'y a rien à pardonner.*** *Tout ce que vous deviez faire était votre offrande à l'Esprit Saint sous la forme d'une libération profonde.* Vous aviez besoin de dégager la souffrance de votre cœur et de votre esprit, parce qu'elle vous faisait obstacle, à vous et à Dieu. Tout ce que vous ou d'autres ont fait dans votre scénario de pardon a disparu. Votre chagrin à son égard a aussi disparu. Ce qui reste, c'est la sagesse acquise des leçons de votre expérience. Ce qui reste, c'est votre gratitude envers votre Créateur pour la valeur inestimable de votre vie et TOUT ce qui est arrivé. Ce qui reste, c'est votre amour pour chaque être qui a joué un rôle dans votre éveil.

Vous croyiez avoir besoin de pardonner, et vous avez découvert que le pardon au sens traditionnel est en fin de compte aussi une illusion… utile, mais néanmoins irréelle. Pourquoi ? Parce que chaque instant sacré est parfait. Il n'y a pas d'autre façon de parvenir à la paix qu'en l'accueillant et en s'y reposant.

Évoquez tous les êtres divins que vous avez invités dans votre cercle, au commencement du processus. Remerciez-les pour le soutien absolu qu'ils ont apporté à votre éveil. Ils sont présents avec vous, c'est votre communauté sacrée. Votre cercle est RÉEL.

Vous débordez d'amour, et vous recevez une gloire sans fin. La seule chose qu'il vous reste à faire, c'est de partager cet amour avec tous les êtres de ce monde. Il est temps d'accueillir d'autres gens, d'élargir votre amour et d'en faire cadeau. Commencez par dire à voix haute les noms de tous les amis et alliés que vous aimeriez inviter énergétiquement dans votre cercle. Il n'est pas nécessaire de fouiller votre mémoire ou de procéder de façon laborieuse ; contentez-vous de laisser monter les souvenirs des gens (et d'autres, comme des ancêtres, des animaux de compagnie ou des esprits de la nature). Quiconque veut se joindre à vous sur le plan spirituel répondra prestement à votre invitation soit sous forme d'une instigation mentale, ou d'une image de son visage.

À mesure que je me familiarisais avec ce travail, j'ai senti plus d'ouverture à inviter des personnes nouvelles et différentes. Par exemple, maintenant que mon cœur est libéré des souvenirs et des leçons de mes parents, je peux les inviter en tant qu'ancêtres bien-aimés. Parfois, je sens la présence d'un autre aîné, décédé ces dernières années. Je suis reconnaissante de sentir leur soutien alors que je les invite dans mon cercle.

Votre cercle est votre célébration spirituelle, invitez quiconque se présente. Laissez les êtres émerger dans votre esprit, puis faites-les entrer avec gratitude. Dites leurs noms, un à un.

Quiconque vient dans votre cercle arrive dans son corps spirituel. Il n'est pas alourdi par sa personnalité, ni vous non plus. Cet élément est crucial à votre compréhension, car lorsque les âmes se rencontrent dans la pureté en tant qu'enfants de l'Unique, il n'y a entre elles ni rancœur, ni regret, ni culpabilité, ni honte. Tout malentendu dans votre vie a été remis – par vous – à l'Unique pour être purifié. Une fois que vous serez rempli de lumière, seule la lumière viendra à votre rencontre dans votre cercle.

Après que vous avez invité vos alliés et les avez accueillis dans le concile sacré, vous pouvez également choisir d'accueillir les gens qui ont joué un rôle plus difficile dans votre histoire de pardon. Mais ne faites cette étape que si vous vous sentez prêt. Vous le saurez. On ne peut forcer ces choses. Si vous n'êtes pas prêt cette fois-ci, reprenez le processus dans un avenir proche, et éventuellement, vous reconnaîtrez le besoin de pénétrer le cœur de Dieu AVEC les frères et sœurs de votre histoire.

### L'histoire de Mary

Par exemple, une cliente nommée Mary est venue me voir à la suite d'une relation intense et trouble. Au départ, elle me disait que c'était surtout la faute de son partenaire, mais elle a bientôt assumé les illusions qu'elle s'était faites. Au cours de notre séance, elle a constaté à quel point elle avait déchargé sa propre douleur sur son partenaire, et à quel point toute la relation avait été fondée sur « l'effet d'autos tamponneuses » de deux personnes projetant leurs peurs l'une sur l'autre. Ils s'étaient rapprochés, puis avaient violemment rebondi sur les bords de leur propre terreur, comme des autos tamponneuses dans une foire.

Mary éprouvait beaucoup de chagrin et de honte par rapport aux manifestations de désespoir qu'elle avait fait subir à son partenaire (par exemple, texter de façon obsessionnelle, hurler, menacer, lancer des objets, etc.), alors que tout ce qu'elle voulait, c'était se rapprocher, devenir intime et grandir spirituellement. Elle voyait clairement comment ces schémas de comportement n'avaient pas commencé au cours de cette relation-ci, mais au début de son enfance, et remontaient peut-être à des vies antérieures. Elle voulait véritablement guérir et se servir de cette relation « spéciale » afin de la transformer en relation sacrée.

Avec une profonde sincérité, Mary a libéré sa peur et sa honte, par la respiration et la prière. Elle a imaginé l'autel de l'Esprit et y a déposé ses fardeaux. Elle s'est reposée dans le silence, puis s'est remplie de lumière, apprenant les leçons que son âme lui avait préparées. Dès qu'elle est passée à la neuvième étape, Mary était prête à inviter chaleureusement son partenaire, Mark, dans son cercle. Des larmes de soulagement ont coulé à flot, tandis qu'elle retenait en elle cette lumière bénie et qu'elle invitait Mark à être témoin de la beauté de son âme. Au cours de leur relation turbulente, ils s'étaient rarement donné un aperçu de leur être véritable. À présent, Mary revendiquait sa force tranquille et parlait à Mark avec amour et tendresse.

Je l'ai encouragée à parler à voix haute à son partenaire en esprit. D'abord, elle l'a accueilli par son nom : « Bienvenue dans notre cercle, Mark. » Puis, elle lui a parlé de sa gratitude envers lui en tant qu'âme : « Je t'aime, Mark. Je suis désolée pour toute la douleur que j'ai causée, pour toute la folie. Merci de ton amour ! Je te souhaite seulement ce qu'il y a de plus beau et de meilleur. Je sais aussi que nous devons nous séparer. J'ai besoin de passer à autre chose, et tu sais que tu dois aussi passer à autre chose. Nous serons toujours reliés. Que le Seigneur soit avec toi, cher frère. Sois heureux dans la lumière ! »

Avec une profonde respiration, Mary a laissé aller la forme de sa relation avec Mark, tout en conservant son amour et sa communion éternels avec lui. Elle a senti tomber un énorme fardeau, et un merveilleux sentiment de paix intérieure l'a remplacé alors qu'elle montrait son être véritable à Mark. En réalité, c'est à *elle-même* qu'elle montrait son être véritable, et invitait l'âme de Mark à en être témoin avec elle. En faisant cela, elle a senti le lien de l'Esprit qui habite en elle, en Mark et chez tout le monde. Sur le plan le plus profond, il n'y a qu'une seule personne : l'Unique qui vit en chaque être.

## Témoigner avec amour — être témoin dans l'amour

Comme Mary, à ce stade de votre processus, vous sentirez une paix et une joie immenses. Votre âme effectue le travail qu'elle est venue faire en cette vie, et elle se sent immensément comblée. Le fait de parvenir à la réconciliation en apprenant les leçons de l'Esprit ouvre votre cœur à la grâce. Goûtez-y, et partagez-la avec tous les êtres de votre cercle.

Si vous voulez faire ou dire quelque chose à la personne que vous avez invitée dans votre cercle — comme la saluer, placer vos mains jointes sur votre cœur, ou lui envoyer de l'amour en silence —, faites-le maintenant. Répétez les étapes de l'invitation et de la communication énergétique avec les gens concernés, comme vos parents ou d'autres qui vous ont aidé à régler ce mode de comportement à un stade antérieur.

Il n'y a pas de limite au nombre de gens que vous pouvez inviter spirituellement dans votre cercle sacré. Cela étant dit, il n'est pas nécessaire de remplir l'espace. *N'invitez que ceux qui ont une raison d'y être.* Ce peut n'être qu'une seule personne, ou peut-être voudrez-vous garder votre cercle sacré seulement pour vous et votre équipe de soutien mystique. Sachez que vous n'aurez pas terminé de vous pardonner et de pardonner aux autres avant d'avoir invité les plus grands « coupables » de votre histoire et de les avoir accueillis avec amour. Continuez jusqu'à ce stade, même s'il vous faut plusieurs séances pour y arriver.

Chaque être qui entre dans cet espace sacré est un enfant éternel et à part entière de Dieu. À ce stade du processus, vous sentirez vraiment cette vérité. Les guides spirituels, les anges, les ancêtres et les « ennemis » de votre passé communient sans aucun problème, tout comme les feuilles d'un chêne vivent en harmonie les unes avec les autres. Nous ne faisons tous qu'un, tout comme nos cellules ne font qu'une sous la forme de notre corps.

Dans votre cercle, considérez chacun comme l'être le plus précieux qui ait jamais existé, car c'est le cas. Gardez la lumière en vous, et voyez-la chez les autres. Vous vous exercez maintenant pour toute une vie d'aise et d'harmonie avec le monde. Votre pensée se réalise.

En laissant ce sentiment de paix vous pénétrer, vous sentirez les membranes de vos cellules et vos réseaux neuronaux s'ajuster à une nouvelle vibration. Vous allez à la découverte de la relation sacrée, et à partir de maintenant, votre âme choisit de vivre ainsi. Vous avez choisi de clore définitivement le cycle de souffrance qui vous a affecté ainsi que votre entourage. À présent, vous entrez dans une toute nouvelle façon d'être.

*Chapitre 12*

# *Dixième étape — Manifester une nouvelle vie*

« La plus grande façon d'étreindre l'amour
est de vous étreindre pleinement. Vous comprenez
alors que vous venez d'étreindre tout l'univers,
et toute chose et tout être qui s'y trouvent. »

– Adyashanti

Le courant de l'amour vous tient dans son étreinte. Vos proches voyagent avec vous alors que les eaux de la paix vous envoient doucement jusqu'à l'océan de la conscience divine. Il n'y a rien d'autre à faire, sinon vous détendre et en profiter. Emplissez tout votre être de la grâce de l'Unique. Exercez-vous à absorber sa lumière aussi profondément que possible.

Célébrez ! Goûtez ! Ancrez ce sentiment dans vos cellules. Liez-vous d'amitié avec lui, mémorisez-le, faites-en une norme. Vous êtes en train d'accumuler une nouvelle réserve de bonnes choses, et de nourrir tous les niveaux de votre être grâce à sa force vitale.

Ne sautez pas cette étape ! Honorer le travail intérieur que vous avez accompli, et en goûter la douceur, cela instaure pour vous une nouvelle façon de vivre. Attendez-vous à transposer cette inestimable fraîcheur dans les autres aspects de votre vie, où elle vous nourrira – tout comme elle l'a toujours fait, une respiration à la fois, un moment à la fois... sans que vous vous en aperceviez. Maintenant, oui. Vous êtes CONSCIENT et ÉVEILLÉ. Alléluia !

« Habituellement, les gens pensent
que le fait de marcher sur l'eau ou dans les airs
relève du miracle. Mais, personnellement, je crois
que marcher sur terre est le véritable miracle.
Chaque jour que nous vivons, nous sommes au
milieu d'un prodige que nous n'apercevons même
pas : le ciel bleu, les nuages blancs, les feuilles
vertes, les yeux noirs et curieux d'un enfant, nos
propres yeux... Tout est miracle. »

– Thich Nhat Hanh

## Répandre votre grâce

Le temps de quelques respirations, allez de plus en plus profondément dans votre cercle. Chaque être qui vous accompagne fait partie de votre groupe d'âmes. Pénétrez ensemble dans le royaume mystique. Buvez le nectar sacré de la gratitude et de la joie.

Lorsque vous vous sentirez prêt, commencez à élargir l'objectif de votre cercle sacré, de façon à y inclure une plus grande vision. À votre liste de guérison personnelle, ajoutez à celle-ci les endroits les plus fragiles de la Terre : là où il y a des plantes, des animaux, des enfants pauvres, des dirigeants mondiaux, des pays précis, des endroits affectés par des séismes et des tsunamis, des zones de guerre… la liste continue.

Puisque vous et moi et tous les êtres sommes la lumière du monde, nous pouvons bénir celui-ci. Parce que notre nature véritable est l'amour, nous sentons naturellement la joie, et notre raison d'être lorsque nous étendons notre amour. Utilisez la force de votre cercle sacré pour dépasser votre vie personnelle et ses difficultés, et vous joindre consciemment à la trame de la vie.

Les zones de la terre que vous bénissez durant cette partie de votre processus de pardon apparaîtront sans effort. Elles s'adresseront à vous pour être guéries, tout comme vous êtes venu à l'Esprit pour une guérison. Vous y verrez des œuvres sociales et des domaines de préoccupation personnelle (en plus de quelques surprises) et recevrez l'information voulue, directement de votre intuition.

Flottant dans l'océan de la sainteté, vous comprenez que la souffrance du monde est un simple miroir de ce qui n'a pas encore été pardonné par notre conscience de masse. Dans l'amour divin, il n'y a pas lieu de pardonner. Mais dans le monde de l'humanité, le besoin repose sur nos épaules, la tribu en éveil. Nous donnons notre amour, puis le répandons à chaque personne et chaque chose. En regardant au-delà de la dévastation, mais sans faire semblant de ne pas la voir, nous voyons l'innocence parfaite qui vibre éternellement, se révélant sous la forme de la beauté et de la sagesse de la Terre Mère.

« Le pardon est ma fonction en tant
que lumière du monde. »
– *Un cours en miracles*, Livre d'exercices, leçon 62

## Conclure votre séance par la prière

À un certain moment, vous sentirez que votre bénédiction est complète. Comme toujours, il n'est pas nécessaire de forcer ni de s'astreindre. Vous vous sentirez rempli de grâce et vous vous direz : « Dieu merci, c'est terminé. »

En restant en contact avec votre cercle et avec la douce grâce qui vous nourrit, terminez votre séance par une simple prière de gratitude. Dites-la à voix haute, en sentant la Présence qui parle à l'intérieur de vous. Comme chaque mot crée, faites en sorte qu'il compte. C'est la conclusion de votre séance de pardon, et vous le faites autant pour votre esprit que pour tout le reste. Dites cette prière afin de laisser savoir à votre esprit que la séance est terminée. Du fond du cœur, exprimez votre gratitude à tous ceux qui ont participé à votre séance, sachant à quel point nous avons tous besoin les uns des autres dans cet éveil d'amour.

## Exemple de prière de conclusion — une déclaration d'achèvement et de gratitude

*Dieu bien-aimé, je te remercie et te loue pour tout ce que j'ai libéré durant cette séance. Je te loue et te remercie pour toute la sagesse et la lumière que j'ai reçues. Je te remercie pour les enseignements qui me sont venus. J'en ferai bon usage. Je bénis et remercie tous les gens qui sont venus aujourd'hui dans mon cercle sacré, et ma profonde gratitude aux êtres de lumière qui m'ont aidé. Que tous soient en paix et heureux, et que la guérison que j'ai reçue aujourd'hui inspire le monde.*

*Amen* (ou une autre conclusion de votre choix).

## Après la séance : intégrer les changements intérieurs

Votre travail de guérison se poursuit sur tous les plans, et maintenant sur le plan subtil de l'intégration. À mesure que les jours passent, vous remarquerez des occasions de soutenir ou bien de déformer votre mission de communion avec la conscience de Dieu. Que choisirez-vous ?

Vous avez déplacé des montagnes à l'intérieur de votre psyché, et l'Esprit vous a accordé un changement permanent. VOUS seul pouvez nourrir la guérison afin qu'elle s'enracine en vous. VOUS seul pouvez saboter les bonnes choses en retournant aux modes de comportement passés. Comme vous recevrez sûrement des défis, il faut être très conscient et aimant envers vous-même, surtout au cours de cette étape d'intégration.

Votre signature énergétique envoie toujours des messages à l'univers physique. Avant, vos messages étaient remplis de souffrance. Maintenant, vos messages ont effectué un retournement complet. Au lieu de renforcer constamment votre histoire de victime, vous avez découvert son contraire et adhéré à sa vérité.

« JE SUIS béni. JE SUIS aimé. JE SUIS l'amour même. Je fais confiance à Dieu. Je m'abandonne à Dieu. » Voilà vos nouvelles pensées. Des miracles en découleront.

Vous flottez dans l'océan de l'amour divin, prêt à recevoir de nouveaux amis, une nouvelle abondance, de nouveaux projets créatifs, et une grande quantité de soutien céleste.

De nouvelles possibilités et occasions entreront dans votre vie, car vous avez changé la fréquence vibratoire de votre cœur-esprit. En laissant aller la douleur passée et en accueillant la lumière en vous, votre vibration a changé, et par conséquent, de nouvelles aventures vous sont destinées.

*La vigilance sera nécessaire – non pas contre quoi que ce soit ou qui que ce soit, mais pour entretenir avec amour l'espace que vous avez libéré pour l'épanouissement de votre nouveau MOI.* Gardez cet espace libre en évitant de faire quoi que ce soit qui pourrait vous faire rechuter. Vous saurez ce que je veux dire à la façon dont vous vous sentirez. Si une occasion ou une relation vous semble bonne, allez-y. Sinon, dites avec grâce : « Non, merci. » C'est aussi simple que cela.

J'insiste, car c'est d'une importance essentielle :

À NE PAS FAIRE :

- manger tout un pot de crème glacée ou tout autre aliment nuisible ;
- vous gaver de télé ou d'Internet ;
- vous geler avec des drogues ;
- vous soûler ;
- faire du commérage ;

- vous imposer une surcharge de travail ;
- fréquenter des amis qui n'encouragent pas votre éveil.

À FAIRE :

- vous aimer pleinement ;
- bien manger ;
- prier et méditer ;
- faire de l'exercice ;
- passer du temps en silence dans la nature ;
- trouver un équilibre au travail ;
- prioriser les parents et amis qui encouragent votre éveil ;
- écouter et suivre votre guidance intuitive.

Après une séance de pardon, je me sens légère et plus ouverte à de nouvelles possibilités. Je viens tout juste de me libérer d'un lourd fardeau, et je veux savoir comment ma vie sera différente et meilleure sans ce dernier. J'anticipe avec bonheur de nouvelles aventures. Je m'occupe de mon corps, bois de l'eau, dors bien, et garde mes pensées positives. C'est ma façon de respecter mon processus de pardon, qui me semble à la fois bien ancré et ouvert sur le monde. Le pardon ouvre toujours un accès à la guidance intuitive. Lorsque je suis mon intuition, je sens une accélération de l'excitation parcourir mon corps.

Je suis confiante, optimiste, et prête pour la venue d'une magie quelconque.

Vous savez probablement exactement ce que c'est que d'aller à l'encontre de votre intuition. Pour moi, si je mange trop ou que j'ingère ce qui ne convient pas à mon corps, que je rêvasse en regardant une émission de télé idiote, ou que je reste à une fête plus longtemps que nécessaire, je commence à me sentir lente et lourde. C'est très évident pour moi, et je sais qu'il me faut me réadapter. J'ai remarqué que mon énergie peut commencer à diminuer même après de simples conversations qui contiennent des plaintes ou des reproches, ou si j'ignore un message intérieur qui me dit de partir et d'aller ailleurs.

Le sentiment le plus inconfortable que j'éprouve est une sorte de caillot énergétique en moi, quand je dis quelque chose de désagréable à quelqu'un d'autre. C'est difficile à décrire. Je le considère comme un système de monitorage interne. On dirait que mon âme est en train d'attirer mon attention en faisant palpiter une contraction dans mon sang. Je commence à me sentir déracinée de l'intérieur. Lorsque cela se produit, je sais qu'il me faut immédiatement arrêter de parler, et trouver les bonnes choses chez cette personne au lieu de la fausse image que j'avais créée. Je me concentre sur l'essence bienheureuse de cette personne et sur l'union divine qui nous relie ensemble. Cela ramène mon énergie, et mon cœur se sent beaucoup mieux. Cela m'empêche aussi de critiquer et renforce mes amitiés.

## Appliquer vos leçons dans la vie

Si vous respectez votre travail intérieur de transformation, vous allez l'honorer en révisant fréquemment les leçons apprises durant votre séance de pardon. Vous pouvez les écrire, les peindre ou même danser et chanter avec elles. Laissez-les s'épanouir lors des moments de calme, de méditation, de longues promenades et de rêvasseries.

Chaque fois que vous en sentez le besoin, retournez à vos listes de pardon et choisissez une nouvelle personne ou situation et amenez-la avec vous flotter dans le courant de l'amour. Il est fort possible que certaines personnes de vos listes de pardon n'aient plus la même charge néfaste contre vous. C'est parce que chaque personne des deux listes est reliée à vous dans une vaste conscience, alignée avec l'Esprit.

Peut-être découvrirez-vous que vos listes ont rétréci, parce que vous laissez le pouvoir de l'amour guérir à votre place. Ou peut-être irez-vous plus profondément dans l'utilisation bienheureuse de ce processus, et réaliserez-vous que bien plus de gens devraient se retrouver sur vos listes ! Rappelez-vous, tout souvenir de peur, de culpabilité et de honte peut être guéri en utilisant le même processus de pardon, étape par étape. Tous les thèmes de votre âme forment une ronde à l'intérieur de vos histoires de malheur, de vengeance et de regret. Alors, trouvez les trésors qui reposent enfouis sous les premières couches, les plus évidentes. Explorez et appréciez votre communion grandissante avec le Divin.

## Le rôle de l'intuition dans la création d'une nouvelle vie

Comme j'espère qu'à présent, vous comprenez les profondeurs de votre âme, ce travail de pardon n'a jamais été destiné à vous seul. Lorsque nous nous éveillons, nous le faisons au nom de tous les gens de partout, avec l'intention que le monde entier s'élève dans la liberté.

Le pardon nous donne des réserves émotionnelles et spirituelles. Il remplit notre réservoir à ras bord. Toutes ces bonnes choses peuvent maintenant servir au bénéfice de tous les êtres vivants. Plus vous laissez aller, et laissez l'Esprit diriger votre vie, plus vous serez enthousiaste à l'idée de servir ceux qui vous entourent.

À mesure que vous enlèverez les couches denses en vous, par le processus du pardon, vous mettrez fin au processus prévisible et automatique qui génère des pensées de peur. À la place, vous aurez de plus en plus d'intuitions bénéfiques – pourvu que vous les respectiez et que vous les mettiez en application !

Apprenez à mieux écouter en vous éloignant des distractions et de ceux qui drainent votre énergie (voyez la liste des choses À NE PAS FAIRE, plus haut dans ce chapitre). Lorsque votre cœur et votre esprit sont clairs, vous devenez un canal entre l'information divine et la terre.

L'Esprit nous envoie toujours des messages aimants, efficaces et bons pour tous. Mais comme vous ne les comprendrez pas toujours avec votre esprit, faites un acte de foi et suivez votre voix intérieure. Comme le disait Margaret Shepard : « Parfois, le seul moyen de transport à votre disposition, c'est de faire le grand saut. » Suivre votre guidance intuitive exige une confiance immense en la bonté de la vie. Allez au fond de vous-même pour trouver cette confiance. Vous développerez des muscles intérieurs et ils se renforceront. Graduellement, dire OUI à votre intuition deviendra aussi naturel que de respirer.

Les messages de votre intuition peuvent ressembler à ceci :

- Prends le train A, et non le C.
- Entre dans ce magasin, tout de suite.
- Appelle un vieil ami, tout de suite.
- Prends cette sortie d'autoroute.
- Cela peut attendre. Assieds-toi et médite.
- Sors ton guide de voyage (vous avez soudainement envie de voyager !)
- Quel rêve incroyable ! Il faut que je le mette par écrit.
- Et si je déménageais ? Si je retournais aux études ? Si je changeais d'emploi ?
- Je suis si reconnaissant ! Merci, Seigneur.

Plus vous dégagerez votre canal de communication, plus votre intuition sera en mesure de vous parler. Vous découvrirez de nouvelles occasions de rendre service et d'être heureux. Vous trouverez également de nouveaux débouchés à l'épanouissement de vos talents et de vos dons. La vie sera meilleure que jamais, jusqu'à ce que vous étendiez les bras pour en recevoir toute sa magnificence ! Tout cela se fait graduellement, à mesure que vous CHOISISSEZ de le rendre tel. Maintenant que circule en vous plus de sagesse intérieure, vous serez ouvert aux signaux intuitifs qui viendront directement de l'Unique.

### La révélation de la mission de votre âme

À mesure que vous vous apaisez, votre intuition s'ouvre au point où la plupart de vos pensées (et finalement, toutes) sont alignées avec l'Esprit. Les illusions insensées ne résonnent plus dans votre tête, accaparant un espace précieux et beaucoup de votre énergie vitale ! Vous recevez de l'information à mesure que vous en avez besoin. Il n'est plus nécessaire de vous accrocher à des racontars et à des futilités de toutes sortes. Votre esprit devient un serviteur de son Créateur, équilibré entre la pensée et le repos. Vous commencez à accueillir votre unique raison d'être.

Une large part de la raison d'être de chaque âme en venant sur Terre est de s'éveiller à la perfection de cet instant : l'Instant sacré, le Présent parfait. De plus, nous avons une mission qui élargit notre joie. Plus nous nous sentons reconnaissant, plus nous pouvons tirer parti de la guidance spécifique qui suscite le but de notre âme. Chaque personne ne deviendra pas médecin, avocat, écrivain, musicien, électricien, enseignant *et* artisan. En tant qu'humains, nous sommes ici sur Terre pour des raisons distinctes. Puisque nous ne pouvons pas tout faire, nous devons choisir ce que nous aimons — puis le mener à son plein potentiel.

Je ne parle pas seulement de votre carrière. Le but de votre âme inclut tout ce que vous aimez, y compris trouver des aspects de la vie que vous ignoriez pouvoir aimer, mais quand vous les découvrez, votre cœur est catapulté dans la béatitude ! Je suis constamment en train d'élargir l'éventail des choses que j'aime, et c'est une façon très agréable de vivre. Par exemple, j'aime la musique et j'adore danser. Je joue un peu de piano et de flûte, mais maintenant, je découvre que je veux apprendre à jouer la guitare pour pouvoir m'accompagner en chantant.

Je suis la mère de deux merveilleux enfants en pleine croissance, et le fait d'être mère est une composante immense du but de mon âme. Même si je ne faisais rien d'autre, mon cœur serait rempli de la joie que je reçois en m'occupant de mes enfants et en apprenant d'eux. Mais ce n'est pas tout, car j'aime être à l'extérieur, autant que possible. J'adore la marche en nature, le jardinage, nager dans les lacs, faire de la raquette et du ski. Je ne suis pas une experte dans ces domaines : je les aime tout simplement, et ça me suffit. Je n'ai besoin d'aucun prix ni d'aucune compétition. Personne n'a dit que je devais réussir sur le plan matériel (en fait, certaines personnes l'on dit, mais je n'en ai pas tenu compte). Je le fais, et j'aime ça.

Quel est le but de votre âme en cette vie ? Comment vous aimez-vous et aimez-vous le monde dans les domaines suivants ?

- Famille ;
- Carrière ;
- Créativité ;

- Amitiés ;
- Service ;
- Éducation ;
- Divertissements ;
- Santé et exercice ;
- Spiritualité.

Je ne demande pas cela parce que je m'attends à une réponse. La réponse, c'est votre vie, qui se déploie avec créativité à mesure que vous la vivez. Vous êtes un miracle et une bénédiction. Vous êtes le meilleur être qui puisse exister, et personne d'autre ne peut prendre votre place dans la précieuse trame de la création.

## La lumière dorée

Au milieu de la trentaine, j'ai entrepris un doctorat dans une université de Los Angeles. Ma fille et moi y avons emménagé en provenance d'une petite ville, et nous nous sommes lentement acclimatées au fait de nous retrouver dans une grande ville. Elle adorait cela, mais moi, pas tellement. L'une des choses qui m'a permis de rester équilibrée pendant cette période, c'était une Église où m'ont emmenée quelques amis, appelée Agape International Spiritual Center.

Tous les dimanches, l'église était remplie de gens. Sous la direction du pasteur Michael Beckwith, qui n'était pas célèbre à l'époque, l'église avait un chœur fantastique dirigé par Rickie Byars. Une chose qui me plaisait dans cet endroit, était le mélange interracial de la congrégation. Enfin, je me trouvais dans une foule où des Noirs, des Blancs, des mélanges de race et autres pouvaient prier ensemble et faire également de la musique sublime. La dévotion bienheureuse qui se répandait dans ce lieu était un baume pour mon âme.

Un jour, je suis arrivée toute seule et me suis assise à l'arrière. Je me sentais heureuse de me reposer et de prier avec une communauté de gens qui aimaient tant Dieu. Alors que j'observais le chœur, il est arrivé une chose extraordinaire. Une femme s'est levée pour chanter un solo. C'était une Noire à la voix merveilleuse, mais ce qui a vraiment capté mon attention, c'était sa façon de bouger. En l'écoutant, j'ai pris conscience qu'elle me rappelait une vieille amie, Sarah, elle aussi une chanteuse extraordinaire, mais une blonde aux yeux bleus – une femme à la peau blanche. Tandis que je la fixais, émerveillée, la chanteuse et mon amie Sarah se sont mises à se fusionner dans mon esprit. La Noire est devenue mon amie blanche, mon amie blanche est devenue la chanteuse noire, et les deux femmes sont devenues indistinctes pour moi. Je sais qu'en disant cela, je peux passer pour folle, mais je n'avais pas l'impression de l'être. Ma vision intérieure s'est ouverte, et elle m'a montré un miracle.

À la fin du chant, quand la chanteuse s'est assise, j'ai regardé autour de moi dans la salle. Au lieu de voir une mer de personnes différentes, habillées de couleurs vives, qui ondulaient et priaient, je ne voyais que leurs similarités. Tout ce que je pouvais percevoir, c'était la lumière dorée, appelée parfois la lumière christique, de chaque personne dans la salle. À ce stade, mon esprit a commencé à trembler un peu. « Je ne vois plus de différences ! me suis-je dit, émerveillée. Je ne les trouve plus ! »

Je voyais clairement à quel point j'avais perçu des séparations entre les gens toute ma vie. C'est ce qu'on m'avait appris. Chaque personne arrivait dans mon monde sous une forme distincte et différente. Chaque personne était sujette à mes idées préconçues et à mes projections, tout comme j'étais vulnérable aux siennes. Mais à cet instant, je ne pouvais plus me relier à rien de cela. Toute cette différenciation fuyait mon esprit (j'imagine que je suis tombée de mon kayak et que j'ai rattrapé le courant de l'amour). Plutôt, alors que je regardais autour de moi dans la salle des centaines de personnes heureuses et amoureuses de l'Esprit, tout ce que je pouvais percevoir, c'était la lumière en eux.

La lumière brillait dans chaque cœur sous forme d'une chandelle d'amour dorée. Chaque chandelle était allumée et vivante. Chaque lumière luisait de la même Source. Chacune était IDENTIQUE.

Alors que ma vision balayait la salle et que je m'apercevais qu'aucune de ces personnes n'était en dehors de la lumière dorée, je me suis mise à pleurer de douces larmes d'un profond abandon. La grâce du Christ m'enveloppait complètement. Mon esprit était suspendu, incapable de produire des pensées normales. La beauté et l'immensité de ma vision se sont emparées de moi. C'était indéniablement vrai : chaque personne, à cet endroit, était à part égale un enfant de Dieu.

À la fin du service, je me suis frayé un chemin à travers la foule colorée, jusqu'à l'avant où Michael Beckwith accueillait sa congrégation. Lorsque ce fut mon tour de lui parler, je me suis contentée de le regarder dans les yeux.

– Je ne trouve pas de différences ! Je n'en vois aucune ! me suis-je exclamée.

Mes larmes et mon visage ouvert ont dû lui dire à quel point je me sentais épanouie. Il a souri.

– Tu as atteint un sommet, m'a-t-il répondu avec amour.

Je lui ai donné l'accolade et suis partie, envahie par la joie de recevoir le cadeau sacré de cette expérience.

La simple vérité que j'ai apprise ce jour-là, à l'église, pour laquelle je serai toujours reconnaissante, est restée en moi et m'a bien servie. J'ai ensuite travaillé en tant que médiatrice de tribunal auprès de gens dépendants à la méthamphétamine et dont les enfants leur avaient été retirés, et enseignante auprès de prisonniers de San Quentin qui avaient commis des viols et des meurtres. J'ai également travaillé avec beaucoup d'autres humains qui n'avaient pas d'histoires aussi bouleversantes. Grâce à cette journée à l'église, je savais que chacun d'eux avait un autel dans son cœur, et qu'à l'intérieur de chaque autel brûlait une chandelle dorée de la lumière la plus élevée.

C'est l'autel que nous visualisons dans notre travail de pardon. Elle brille éternellement en nous et en tous ceux que nous rencontrons. Nous la sortons et la posons devant nous quand nous avons besoin d'aide pour déposer nos fardeaux. Il est merveilleux de savoir qu'un endroit sacré vit en chacun de nous, en tout temps. Cela nous rappelle particulièrement la force de guérison de l'amour divin. Rappelons-nous que nous sommes tous créés égaux dans cette lumière. La paix se répandra sur notre planète à mesure que nous apprendrons cela et le partagerons. Ensemble, toujours ensemble.

*Chapitre 13*

# *Révision du processus*

Ce dernier chapitre récapitule le processus du pardon afin que vous puissiez tout voir en un seul espace compact. C'est un plan condensé de tout le livre, qui vous est accessible pour vous rafraîchir la mémoire avant chaque nouvelle séance de pardon. Grâce à ce plan, vous serez tout à fait prêt à vous laisser porter à jamais par le courant de l'amour.

## 1. Commencez par votre espace sacré (étape 1)

Commencez toujours par créer un espace sacré. Vous pouvez le faire par la prière. Si la prière ne vous dit rien, peut-être que l'idée d'être sincèrement ouvert à une profonde connexion spirituelle vous inspirera. Placez-vous dans un espace divin de confiance et de vénération. Recourez à la SOB : sincérité, ouverture et bonne volonté. Élevez votre foi. Adoucissez votre cœur. Demandez l'aide du Créateur et des êtres bénis de lumière. Soyez prêt à explorer.

### 2. Trouvez et explorez votre nœud émotionnel (étapes 2 à 5)

Mettez-vous calmement à l'écoute de votre corps, de vos émotions et de votre esprit. Qu'est-ce qui vous dérange ? Qu'est-ce qui actuellement ne vous paraît pas paisible ? Trouvez où est la contraction et examinez-la avec confiance. Respirez !

Quelles pensées reliées à l'incident, à la relation, à l'événement de pardon parcourent votre esprit ? Que vous dit votre corps ? Quelles émotions ressentez-vous ? Essayez de vous connaître à travers votre histoire de victime. Ce n'est qu'une histoire – mais vous devez ralentir pour la reconnaître et en tirer des leçons. Depuis combien de temps vous accompagne-t-elle ? Qui d'autre est impliqué ? Quelles couleurs, textures et images émanent de votre nœud émotionnel ? Quels souvenirs attirent votre attention ? Comment les actes blessants des autres reflètent-ils vos propres comportements et croyances (même sur un plan subtil) ?

### 3. Libérez ce nœud (étape 6)

Laissez votre corps vous enseigner à mesure que chaque nouvelle couche attire votre attention. Commencez par libérer les vieux schémas de comportements au moyen de votre respiration, en apprenant autant que vous pouvez à chaque instant. Imaginez l'autel de l'Amour devant vous, et déposez-y vos fardeaux. *Expirez* et permettez à toute votre peur et votre douleur de sortir de vous. Ouvrez vos membranes cellulaires, votre système sanguin, vos os, vos souvenirs et tous les niveaux de votre être. Laissez l'océan de la Présence spacieuse absorber tout. (Voir le chapitre 8 pour des détails supplémentaires sur la libération.)

Sentez le courant de mansuétude qui sort continuellement de l'autel. Le courant de l'amour coule maintenant vers vous, ce qui encourage complètement votre éveil. L'autel est le bercail de l'Esprit Saint, la maison de votre essence véritable. Vous l'imaginez devant vous sous forme d'un outil qui permettra à votre esprit, à vos émotions et à votre corps de pouvoir libérer l'ancien, pour faire place à l'Unique qui vous donne vie.

Cet autel habite éternellement dans votre cœur, car vous avez été créé avec cette grandeur illuminée, bien vivante en vous.

Accordez-vous beaucoup de compassion à mesure que vous vous libérez. Étendez votre compassion à tous ceux qui sont impliqués, mais seulement si vous pouvez le faire sincèrement. Si cela ne vient pas aisément, continuez à libérer la culpabilité, la honte, le regret et la peur jusqu'à ce que vous puissiez sentir de la compassion envers tout le monde. (Cela peut exiger plusieurs séances.)

### 4. Les fardeaux disparaissent, remplacés par des leçons (étapes 6 à 8)

Lorsque vous déposez vos fardeaux, vous voyez que ce sont des illusions (et qu'ils en ont toujours été), qui sont devenues réelles par le recyclage constant de souvenirs et d'idées pénibles dans votre esprit. Dès qu'ils atteignent l'espace sacré devant l'autel, ils disparaissent. L'amour divin n'entretient rien qui ne soit semblable à lui. Toute illusion doit disparaître dans le néant, car ce n'est que du néant.

Allez au fond de vous et découvrez les leçons dont votre âme a besoin. Comment votre corps a-t-il changé ? Quels messages votre cœur ouvert vous dévoile-t-il ? Quelles vérités inattendues découvrez-vous ?

### 5. La pause (étape 7)

Après avoir appris les leçons de votre âme, faites une pause et remarquez à quel point vous êtes devenu silencieux. Goûtez ce silence. Rien ne se passe. Rien. C'est très paisible, ici. Rien à faire, nulle part où aller, personne (pas même vous) à qui prouver quoi que ce soit. Vous commencez à vous fusionner avec l'Unique et vous vous laissez absorber par lui. La tâche difficile (bien qu'elle paraisse ardue uniquement au début) de la libération est terminée. Détendez-vous.

### 6. Recevez la lumière pour compléter le cercle (étape 9)

En vous libérant, vous faites de la place dans votre esprit, votre vision du monde, votre identité, vos émotions et votre corps : à présent, vous pouvez accueillir la nouveauté d'une conscience divine élargie. Il ne reste qu'à recevoir. Utilisez votre *inspiration* et absorbez les bonnes choses. Laissez la grâce circuler en vous sur chaque plan de votre être, bien au-delà de ce dont votre esprit a conscience, en faisant confiance à l'Esprit Saint pour qu'il vous guérisse et vous comble. Lorsque vous le faites, vous remarquez que le message opposé à votre histoire de victime vous remplit de vérité. Vous recevez l'amour divin, la confiance profonde en la perfection de l'Instant sacré, et la grâce de votre nature véritable.

### 7. Faites cadeau de l'amour (étape 10)

Lorsque vous avez l'impression de déborder des grâces que vous avez reçues, invitez des proches dans votre cercle. Vous saurez que vous leur avez complètement pardonné lorsque vous pourrez accueillir sincèrement et à bras ouverts les gens qui vous ont fait le plus de tort. Ils se présentent à vous avec leurs corps spirituels, non pas avec leurs personnalités, en tant qu'êtres égaux partageant une essence commune et sacrée.

Avec votre cercle de groupe d'âmes, commencez à faire cadeau de l'amour, chaque fois que cela est nécessaire et désiré. Bénissez le monde, car aucun de nous ne s'éveille seul.

### 8. Terminez dans la clarté

Terminez votre séance par des prières ou des affirmations de gratitude et de liberté. Respirez, détendez-vous et goûtez. Sachez que vous pouvez utiliser ce processus en tout temps et en tout lieu, si vous le voulez. Remerciez tous les êtres qui vous ont soutenu, et remerciez la Terre, le bercail de votre âme incarnée. Terminez en disant

« Amen », ou « Ainsi soit-il », ou concluez comme vous voudrez. Cette dernière phrase signale à votre esprit que la séance est terminée, et qu'un tout nouveau cycle de vie a commencé.

## La reddition

Tout notre processus de pardon pourrait s'appeler autrement : *capituler devant Tout Ce Qui Est.* Dans la culture occidentale, nous ne parlons pas tellement de la reddition spirituelle, et avons tendance à concevoir la « reddition » en termes de faiblesse plutôt que de force. Nous savons que c'est un message de perte, surtout parce que nous avons été conditionnés à imaginer la vie en termes de guerre, avec pour seuls résultats la victoire ou la défaite. Le vainqueur gagne et reçoit son trophée de domination. Le perdant abandonne son pouvoir — et cela ne peut être bien.

Mais sur un plan spirituel, abandonner toutes nos croyances fausses à une Puissance supérieure est parfaitement sensé. Ce genre d'abandon nous offre le choix conscient de nous réaligner avec notre Créateur.

Si vous croyez dans votre cœur que Dieu est bon et miséricorde — même si Dieu est tout à fait mystérieux —, la reddition vous apparaîtra comme un baume qui guérira toute votre douleur. Vous irez vers la sagesse qui se trouve au-delà de votre esprit individuel. Avec le sentiment qu'il est bon de « capituler », vous pratiquerez l'abandon jusqu'à ce que vos muscles intérieurs sachent le faire sans effort.

Les miracles deviendront courants, sans jamais vous ennuyer !

Remarquez à quel point lorsque vous pardonnez, vous abandonnez non seulement votre peur, mais aussi les bénédictions de votre vie. TOUT – le « bon », le « mauvais » et entre les deux – est offert à l'Unique, où la vérité de votre être est sauvegardée pour vous.

À la fin, tout ce que nous pouvons faire, c'est de dire « Merci, je suis béni », puis faire cadeau de cet amour.

### Simples consignes de bonheur véritable

Commencez par
polir votre diamant.

Repoussez toute insistance insensée
qui cherche à nourrir des pensées polluées.

Purifiez l'air autour
de votre joyau sacré.

Balayez le plancher,
allumez des chandelles
et agenouillez-vous
en posant votre front au sol.

Puis, levez votre visage
vers sa beauté,
regardez, et lorsque

vous aurez entièrement
révélé à vous-même

son corps lumineux,
entrez en vous,
inspirez son éclat,
remplissez et comblez
vos poumons au maximum.

Détendez-vous… goûtez.

Puis offrez
cet amour
en cadeau.

# *Bibliographie*


BAVOLEK, Stephen. *Birth and Beyond program*, Sacramento, février 2012, http://nurturing parenting.com/images/cmsfiles/maleandfemale brainfunctioning2-23-2012-r3.pptx.

BRADEN, Gregg. *La divine matrice*, Outremont, Éditions Ariane, 2007.

________. *Walking Between the Worlds: The Science of Compassion*, Sacred Spaces/Ancient Wisdom, 1997.

CHODRON, Thubten. *Working with Anger*, Ithaca, Snow Lion Publications, 2001.

Foundation for Inner Peace. *A Course in Miracles: Text, Workbook, Manual*, Mill Valley, Foundation for Inner Peace, 2007.

GURIAN, Michael, et Barbara Annis. *Leadership and the Sexes: Using Gender Science to Create Success in Business*, San Francisco, Jossey-Bass, 2008.

HOLUB, Ana . *Blessings from A Course in Miracles E-Course*, 2013, http://www.anaholub.com/store/e-courses.

________. *Claiming Your Emotional Well-Being E-Course*, 2012, http://www.anaholub.com/store/e-courses.

________. *Letting Go with Forgiveness E-Course*, 2010, http://www.anaholub.com/store/e-courses.

Institute of HeartMath, http://www.heartmath.org/faqs/research/research-faqs.html, consulté le 28 octobre 2013.

________, http://www.heartmath.org/research/research-publications/electricity-of-touch.html, consulté le 28 octobre 2013.

________, http://www.heartmath.org/free-services/downloads/the-inside-story.html ?submenuheader=6, consulté le 28 octobre 2013.

________, http://store.heartmath.org/e-books/energetic-heart, consulté le 28 octobre 2013.

LEVINE, Peter A., et Ann Frederick. *Waking the Tiger: Healing Trauma*, Berkeley, North Atlantic Books, 1997.

LIPTON, Bruce. *The Biology of Belief: Unleashing the Power of Consciousness, Matter and Miracles*, Santa Rosa, Mountain of Love/Elite Books, 2005.

________. *The Wisdom of Your Cells: How Your Beliefs Control Your Biology*, Boulder, Sounds True, 2006.

Mayo Clinic, http://www.mayoclinic.com/health/forgiveness/MH00131, consulté le 28 octobre 2013.

PERT, Candace. *Molecules of Emotion: The Science Behind Mind-Body Medicine*, New York, Simon & Schuster, 1997.

TIPPING, Colin. *Radical Forgiveness: A Revolutionary Five-Stage Process to Heal Relationships, Let Go of Anger and Blame, and Find Peace in Any Situation*, Boulder, Sounds True, 2010.

TIPPING, Colin, et autres. *Why You Still Need to Forgive Your Parents, and How to Do It with Ease and Grace*, Atlanta, Global 13 Publications, 2010.

TOLLE, Eckhart. *Le pouvoir du moment présent : guide d'éveil spirituel*, Paris, J'ai lu, 2010.

VITALE, Joe, et Ihaleakala Hew Len. *Zero Limits: The Secret Hawaiian System for Wealth, Health, Peace, and More*. Hoboken, John Wiley and Sons, 2007.

YouTube, http://www.youtube.com/watch?v=HVECA1T4AXY, consulté le 28 octobre 2013.

YouTube, http://www.youtube.com/watch?v=jUMqArkEuW0, consulté le 28 octobre 2013.

YouTube, http://www.youtube.com/watch?v=yw0qxXQkals, consulté le 28 octobre 2013.

# *Au sujet de l'auteure*

Ana Holub, diplômée du Mount Shasta, en Californie, est conseillère en pardon, auteure, poète et éducatrice de la paix. Elle détient un baccalauréat en études sur la paix et une maîtrise en résolution de conflits de la faculté de droit de l'université Pepperdine. Ana est également conseillère certifiée en violence familiale, et coach en pardon radical. Elle tire une profonde inspiration de son étude quotidienne d'*Un cours en miracles*, de la méditation et du yoga. De sa propre enfance difficile à sa réussite en tant que conseillère psychologique, Ana a éprouvé de première main les bienfaits du pardon comme outil de paix et de liberté intérieures. Depuis plus de 20 ans, elle a travaillé auprès de milliers de personnes, y compris des femmes, des hommes, des adolescents, des couples, des membres du gouvernement, des familles à risque, des détenus, des organismes sans but lucratif, des entreprises et des écoles.

Ana offre à l'échelle internationale des ateliers sur le pardon, la guérison émotionnelle pour les couples, la guérison d'une dépendance et les questions féminines. Son œuvre comprend *The Edges Are Friendly* (poésie), *The Healing Power of Forgiveness* (CD audio) et trois cours électroniques : *Letting Go with Forgiveness, Claiming Your Emotional Well-Being*, et *Blessings from A Course in Miracles*.

Ana enseigne à ses clients et clientes des techniques efficaces qui permettent de vivre avec assurance dans l'harmonie, la force et l'autonomie. Visitez son site Web au AnaHolub.com.

AdA
éditions

www.ada-inc.com
info@ada-inc.com

www.facebook.com/EditionsAdA

www.twitter.com/EditionsAdA